LAUNCH 首发

首发04：数字市井

场景实验室 编著

中信出版集团 | 北京

图书在版编目（CIP）数据

数字市井 / 场景实验室编著. -- 北京 : 中信出版社, 2022.6
（首发 ; 4）
ISBN 978-7-5217-4366-1

Ⅰ. ①数… Ⅱ. ①场… Ⅲ. ①商业模式－研究 Ⅳ. ①F71

中国版本图书馆CIP数据核字(2022)第077420号

数字市井（首发；4）

编　　著：场景实验室
出版发行：中信出版集团股份有限公司
（北京市朝阳区惠新东街甲4号富盛大厦2座 邮编 100029）
承 印 者：北京利丰雅高长城印刷有限公司

开　　本：787mm×1092mm　1/16　　印　　张：9.75　　字　　数：110千字
版　　次：2022年6月第1版　　印　　次：2022年6月第1次印刷
书　　号：ISBN 978-7-5217-4366-1
定　　价：69.00元

图书策划：小满工作室
总 策 划：卢自强　　策划编辑：丁斯瑜　　责任编辑：卢自强
营销编辑：刘姿琪、樊雅和、王玉娇　　整体设计：詹嘉欣

服务热线：400-600-8099
投稿邮箱：author@citicpub.com

CONTENTS

目录

004
卷首文 | 市井新景观

体验 EXPLORE

010 **观念文章** | 数字市井，为什么是今天

018 **首发圆桌** | 你身边的市井生活变化

030 **首发榜单** | 数字市井十大创新榜单

想象 IMAGINE

054 **专题一 | 重返市井：多样性在附近回归**

056 城市漫游，年轻人的另类日常

060 专访REGULAR源野：公园下的生活方式社区

074 观潮宗街：市井失落与在地新生

086 **专题二 | 磁力引擎"新市井商业"：激活品牌新增量**

088 数字市井释放商业想象

096 架构新市井：内容的软连接，数据的硬底层

106 新市井漫谈：数字烟火，百业新生

116 **专题三 | 数字日常与文化复兴**

118 数字过年：拾起丢失的温度

122 周榕：硅基空间崛起，城市面临社会性重建

128
观念对谈 INTERACTION |
数字市井，有意义的烟火
（吴伯凡、吴声、李翔）

142
首发书单 | 数字市井

144
首发盘点 | 二十五个"数字市井"代表品牌

卷首文

市井新景观

NEW LANDSCAPE OF FOLKLIFE

何为“市井”？吕思勉先生于《中国社会史》一书中有过一段考证——

> 《公羊》何注所谓“因井田而为市”，宣十五年。……颜师古曰：“市，交易之处；井，共汲之所，总言之也。……注引《春秋》井田记云：因井为市，交易而退，故称市井。此说较为有据。”愚谓此说与《公羊》何注盖系一说。市之设，所以便农民，而设市之处，则因众所共汲之井，颜说亦此意也。

“市井”源自商周以来的井田制，是一种封闭的城市空间管理制度。“市，交易之处”，围绕生活所需出现的商肆集中的地方；“井，共汲之所”，市民的生活单元。市井一词，涵盖了市民阶层的生活区域和生活方式，市井阶层、市井文化、市井商业，某种程度上都被纳入“市井”的概念范畴之中。

因井设市，围绕生活所需的商业活动，加速了市井的开放与繁荣。至唐中期前，市场管理推行坊市制，将居住区与商业区分隔，市场有固定的经营地点与开放时间。唐后期开始发生变化，至宋朝实现坊市合一，并开始出现通宵达旦的夜市。商业活动的全面渗透，刷新了城市生活的空间边界与时间刻度。市井，可以说是一种自发的、生活化的、“野蛮发展”的商业形态。

市井的繁荣，根植于同时也塑造了市井文化的丰富多元。自下而上生长的市井文化，反映着市井阶层的生产生活、民风习俗、宗教信仰、娱乐活动。汉乐府、南朝民歌、唐宋传奇、元杂剧、明清小说……不同时代的市井文学样式，表达着市井阶层的精神生活和市井生活的真实风貌。市井，用生活生产内容，不断塑造独特的在地文化形态。

市井商业的活力与市井文化的活跃，还从根本上推动着城市空间的功能转变，开放的公共空间成为城市生活的重要组成。“市井街道开始成为一种公共的娱乐活动空间，并且是最贴近市民生活的一种特殊的活动空间。”市井，成为社区生活错综复杂的交融处。

追溯历史，城市发展与市井繁荣彼此成就，附近的商业、日常的娱乐、开放的社区，构成了市井的具体面向。审视当下，城市发展与市井繁荣逐渐走向对立，“城市的胜利”让市井不再、附近消失。高密度的城市生活侵蚀着关于市井的感受，烟火气、人情味、邻里、身边……也带来新一轮的封闭，不是城市空间管理的封闭，而是被效率反噬的、人们主动选择的、与附近关系的封闭。

人类学家项飙提出“附近的消失”，一度引起巨大的社会共情。大众的共情，来自切身可感的对附近生活的逐渐陌生。项飙在访谈中提到一个重要的观点，附近不是消失，而是在发生转化——“肉体感知意义上的附近，转化为数据的附近”，外卖的送达时间、导航的到达时间、餐厅的等位时间……项飙从人类学角度解释，这是“时间征服空间的过程”。

数据的附近、数字化生活，征服城市空间的同时，又无时不在塑造市井新景观。线上的天涯若比邻、朋友圈里的数字邻居，以及重新定义的真实生活半径，小酒馆、城市露营、打卡运动、15分钟社区……数字时代的附近酝酿新的多样性。

时间征服空间，感受丈量时间，市井百态呈现在线上线下融合的意义之网，也生长出市井生活、市井商业、市井文化的全新命题。

数字市井，由此提出。

文 / 孟幻

“肉体感知意义上的附近，转化为数据的附近”

©图片源于unsplash

The proximity in the sense of physical perception is transformed into the proximity of the data

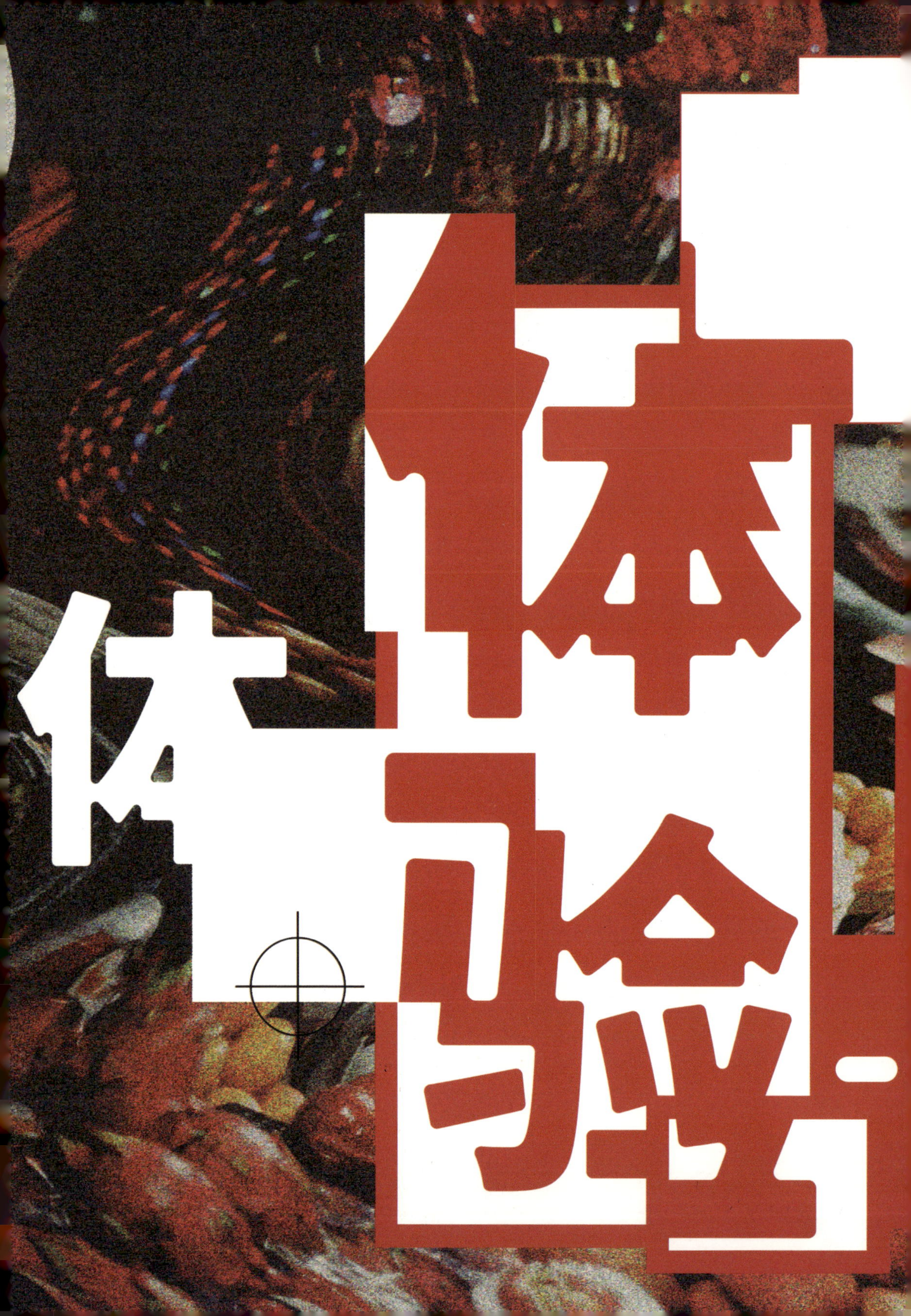
体
体验

EXPLORE

观念文章

数字市井，为什么是今天

CONCEPT ARTICLE:

WHY NOW? DIGITAL FOLKLIFE

▮文 / 杜颖

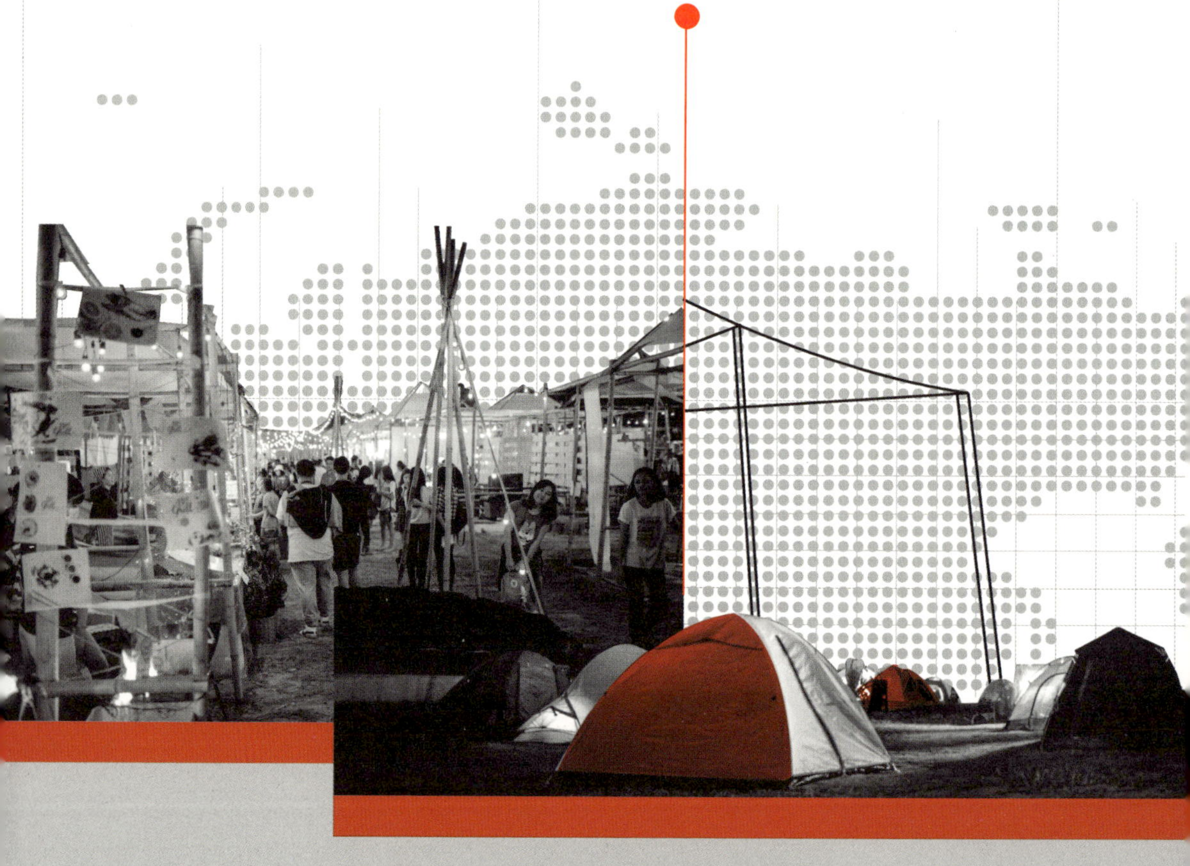

BOROUGH MARKET
LIFE-CHANGING COFFEE
CHANGE PLEASE X BOROUGH MARKET
A LIFE-CHANGING PARTNERSHIP

在一个动辄谈论碎片与异化的年代，为什么商业世界又流行起重建“熟悉的联结”？

当电商与O2O从次日达、2小时达的效率竞逐，到深入审视“15分钟社区”有关人情温度的解法；当商业地产与品牌店铺的策展与叙事，开始转向在地化的内容企划和社群关系的空间营造；当线上缔结的信任网络，开始比线下关系圈层更为真实深刻，甚至反向映射与赋能……可以明显感受数字化新阶段的“再市井”浪潮，正从潜流逐渐走向汹涌。

市井，作为具有中国特色的实体商业网络及背后社会文化系统的代名，我们曾经都生活在市井，消费在市井，社交在市井，体验在市井。

过去数十年商业最大关键词之一的“数字化”，正是让市井中的人逐渐数字化，也是市井中一块块“场景拼图”数字化的过程。有缝隙断层也好，润物细无声也罢，无可否认的是，每块数字商业的新“拼图”都极大展现了效率的可能性。一如线上与线下经年累月的对垒，这个进程中，效率与温度，日新月异与人间烟火——“数字”和“市井”常常是以矛盾和不可兼得的语境，出现在商业世界的表达中。桃园眷村和瑞幸咖啡的叙事，都是年轻人的打卡热潮，但逻辑上难免南辕北辙。

为什么今天，数字与市井的二元命题，开始合二为一，甚至相得益彰了？要知道，“数字市井”并不只是“线下商业的数字镜像”或者“基于数字身份的商业系统”，而在于——

今天的数字商业抑或数字经济，到了要以内容、社群、体验为关键要素的“全时全域共同繁荣”阶段。

可以从三个研究视角，看到数字市井当下趋势的真实原力。

RE-DEFINE FOLKLIFE

体验 EXPLORE

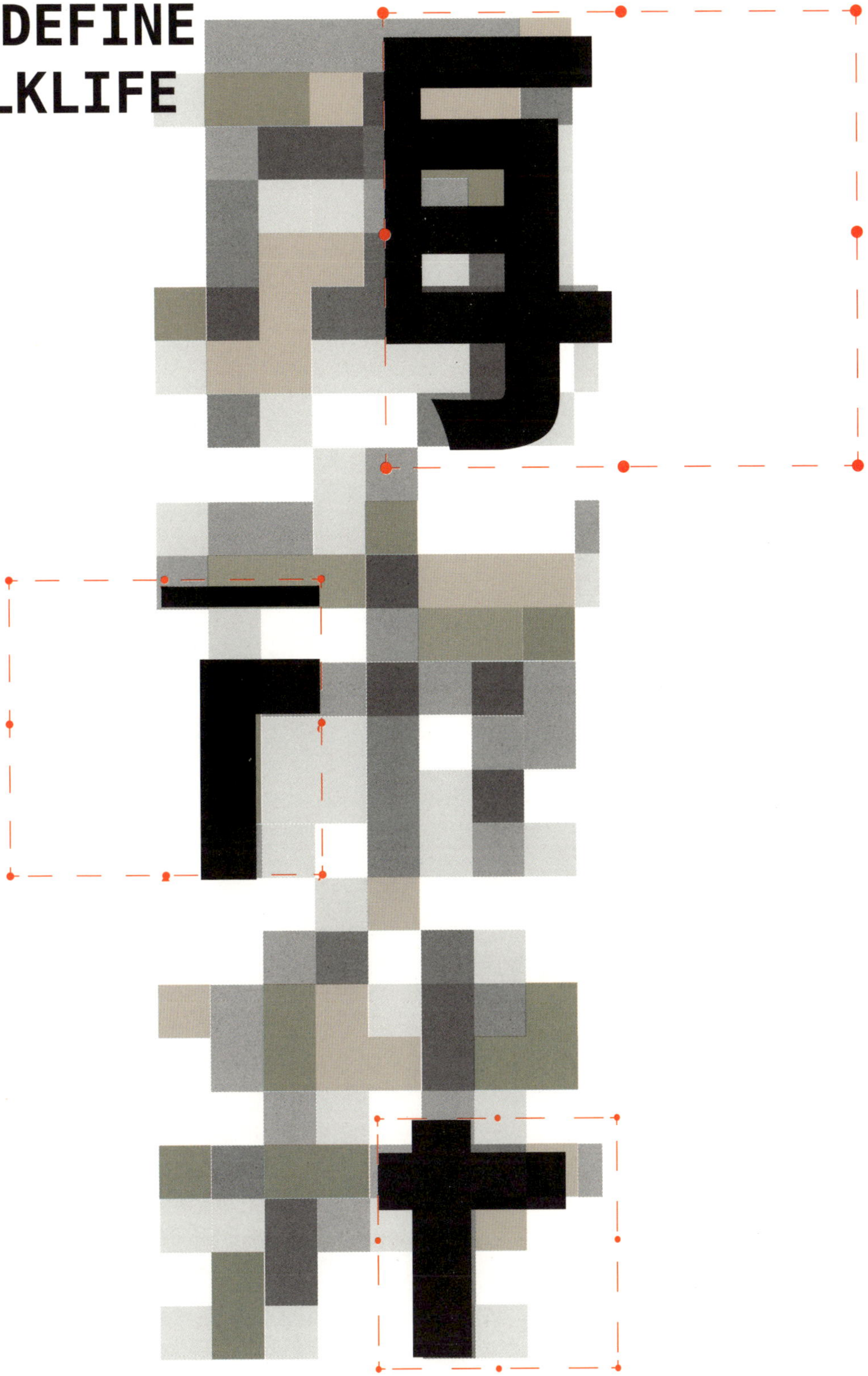

01

附近的多样形态，正在加速涌现

越是数字化大加速，越需要思考物理世界能否有对等的丰富性，将曾被冲击的“旧市井”重新缔结为新日常的关系连接。每个人总要在线下遇见，不在菜市场或者小公园，但可以在文和友、喜闻乐见、REGULAR源野这样的“城市记忆容器”中，在周末市集、都市露营、“餐饮+小酒馆”、“Mall+灯会”这样的社交新地标中，发现人与人关系本有的丰富多元，而新的内容机制、IP逻辑和体验形态正孕育其中。

02

同城的服务效率，重建在地意义

无论是上海的“五五购物节”还是成都的“三新”生活节，城市消费场景建设的“数字优先”，基于小程序、直播、社交网络等基础设施，进一步反哺线下流量，实现全时全域的繁荣。“用户型城市”便是这种运营效率和连接方式的最佳关系概括。App“攻克”附近也是在这样的逻辑下愈演愈烈，关于距离的衡量参数，关于位置的评价体系，都被数字商业重新赋予意义，形成“盒区房”“社区供应链”这样的在地生活新效率方案。

03

生活的数字镜像，创造增量价值

数字市井不仅是物理世界的多样性涌现，或者数字世界对前者的效率赋能或意义投射，数字世界本身也在多维、全面的镜像过程中，开启更深入洞察、理解“个体与关系”的增量价值空间。陪伴式慢直播、沉浸式游戏、虚拟代言人与跨次元创作，数字时尚与AI艺文创作……新的内容生产、社群机制与体验建模中，想象力与创造力足可期待。又如本期MOOK专题之一“新市井商业”，短视频直播平台构建的“数字市井家园”中，生意得以融入生活本身，数字化的烟火气开启品牌营销的新空间。

数字市井，脱离数字效率的发展抑或多样关系的回归，都很难支撑其在今天的观念释放。无论元宇宙的应有之义终将由谁人表达，数字市井都是我们真切可感的现在进行时。

“我非常关心一件事：便利的网络购物早已普及，这家线下小店在这些年过得如何？”

——AYAYI

脱机访问 | 小店里的“李佳琦”

线下互动的采访形式，让AYAYI这个虚拟形象与真实世界的互动更加真实，同时也起到让“偶像”的身份去宣传社会现象的作用©图片来源于官方微博

妙潔
洁王

热水袋
手帕
护膝
雨披

饭单
电池
打火机
烧碱
火柴
红包

首发圆桌

你身边的市井生活变化

LAUNCH ROUND-TABLE:

THE CHANGES OF YOUR FOLKLIFE DAILY AROUND

葛岩：数字时代的市井运动是现实风土民俗和数字科技交织的新生活模式。

孟梅：数字生活不仅仅是简单的电商、线上支付，还跟生活息息相关。

梁二狗：我认为数字时代的市井生活是一种价值回归。

邵乐乐：数字时代的市井生活指代一种虚与实交互、连接性更强的系统进化状态。

一起聊点什么？

当“非接触”成为常态，人与人、人与商业、人与城市那些消失于记忆的温度感背后，重返亲密的呼声渐盛。生活与商业的融合处，“市井”因势而起，因时而至，因数字消亡，也因数字重生。从“市井”到“数字市井”，不变的是生而为人的热烈，城市与人文的时代更迭下，新商业应运而生。

针对以上思考，我们面向“LAUNCH首发”的读者发起了这次圆桌讨论，提出了以下三个问题，一起聊聊“你身边的数字市井变化”。

Q:

01 ↵

你如何理解数字时代的
市井生活?

02 ↵

你认为哪些品牌或商业案例可以
代表市井的回归?

03 ↵

关于数字市井，你有哪些想知道
的问题?认为有哪些商业方向和
机会?

受访人

王蔚

○湖南大学建筑与规划学院副教授，硕士生导师 ○凡益工作室创始人
○清华大学城乡规划学博士后

数字时代的市井是城市更新背景下市场生产的空间载体和消费商品。一方面，基础设施改造让市井产生了新的价值；另一方面，商业业态置换后，新一代的市井商业注重将空间作为消费对象，通过小红书、抖音、快手等数字技术手段宣传，带来巨大的流量并吸引客群消费。

当今的建筑创作正在由增量时代向存量时代转型，存量巨大的市井中，很多独有的建筑语言以及野生设计作为城市自我形成的产物，与数字化时代下的城市波动以及人为的规划设计产生了一定的碰撞。数字时代的市井生活应该围绕着人的维度、背景的维度、技术的维度、产品的维度展开研究探讨，明确“市井来源于生活”的理念在数字化时代下就显得至关重要。

文和友：老旧街区的特色餐饮，当一家传统的餐饮置身于老旧街区之中时，其所自带的烟火气息、新鲜感便更具有吸引力，这也是为什么文和友的立体街区空间设计在感官感受和餐饮体验上能获得巨大成功。

HARMAY话梅：除了小样类商品，大众的兴趣集中在话梅店铺高颜值、个性化的店面装修。工业风的装修、仓储式的陈列方式符合当下年轻人的审美需求，这种特色空间也不断为HARMAY话梅带来流量。

三顿半概念店：工业风的设计让空间能够融入市井，多变的空间增强了人与人的互动。线上与线下结合的消费场景强化了消费者的体验，限定联名的咖啡也打破了消费者对品牌的固有印象。

2019年3月，三顿半Demo咖啡店在长沙正式开业，地址位于芙蓉区蔡锷南路139号，提供每日新鲜烘焙的咖啡和面包，以及不定期更换特调咖啡，Demo，是一直探索更多可能的未完成。2020.11.11 — 2021.02.28期间，在联名概念店，可以购买到分别使用三顿半和茶颜悦色的材料研发的两款特别饮品——“三毛坨”和“Mary · 颜”©图源于三顿半官网

长沙十二时辰书店：书店利用街区老建筑进行功能配置，除常规的书籍陈列外，还设置阶梯式阅读空间，来打造观念对谈、精品咖啡、买手文创、艺术策展、创意沙龙、效率自习等多样场景。

想了解的问题：如何让越来越多的年轻人参与数字市井的改造？如何使数字市井具有可塑造的能力和适应新型消费的能力？数字市井商业与市政规划是否接轨？数字市井商业目前来讲在技术上或者模式上存在哪些阻力？数字市井商业的发展更希望高校哪些专业的学生去融入？

商业方向和机会：已经在发生巨大变化的，例如娱乐需求（剧本杀、脱口秀、笑工厂等）、精神需求（展览空间、书店）、消费需求（咖啡、茶饮、餐厅等社交性空间）、办公需求（WeWork共享办公）等。

©图源于官方公众号

受访人

葛岩

○ 融创集团景观设计总监

数字时代的市井运动是现实风土民俗和数字科技交织的新生活模式，我们仍能通过五感去真实地体验市井生活中的活色生香，同时高速的数字技术改变了传统经验中的低效率和盲目。

茑屋书店、文和友和精致露营。

想了解的问题：搭建数字市井平台的公司有哪些？

商业方向和机会：数字市井仍集中在高密集的商业场景，而社区场景中仍拥有巨大的空白。

©图源于官方公众号

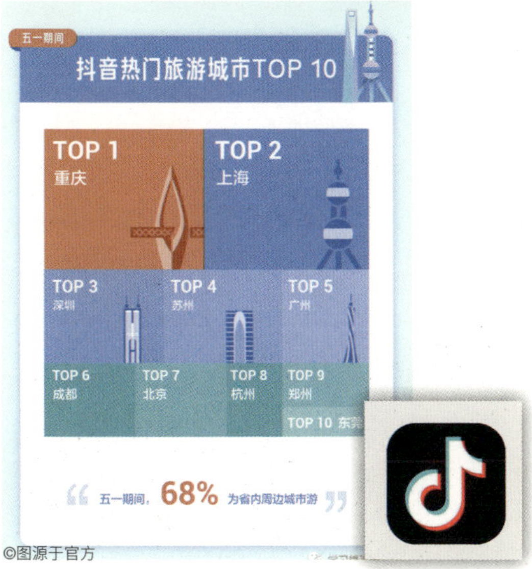

©图源于官方

受访人

孟梅

○ 封面新闻CMO兼新经济与科技部总监

数字生活不仅仅是简单的电商、线上支付，还跟生活息息相关。快手、抖音、小红书等内容电商崛起的关键在于，其并非简单地将内容与带货生硬结合，用户们所分享的每一种真实的生活就是一种商业形式，生活、生意彼此交融不分，从而将平台的商业氛围进一步弱化，也将生活的真实温度与质感进一步提升。品牌想要进入新市井生态圈，首先必须成为数字化街头巷尾的一部分，以同样的生活化内容与平台用户深度交互，从而赢得用户们的信任。

快手、抖音、小红书在本地生活的拓展都可以作为“市井烟火气”的回归。比如抖音推出的《抖音城市大数据报告》，截至2018年8月，仅重庆的城市形象相关短视频播放量就达到113.6亿，相当于《舌尖上的中国》第二季全网播放量的14倍。

想了解的问题：1.潜在的商业需求与市井内容交织的核心在哪里？2.数字市井目前需要解决的核心问题在哪里？

商业方向和机会：我个人认为数字市井商业主要的方向还是端云一体化以及用户使用的便捷性、黏性的打造；最大的机会，是在这样一个启蒙探索阶段，用户对于数字市井商业需要有一定的认知，商家需要对数字市井有更深度的思考和有效的落地探索。对于市场而言，一切才刚刚开始。

受访人

梁二狗

○ 跳海酒馆创始人

首先，我认为数字时代的市井生活是一种价值回归，人类对于亲密感、信任感的期待是与生俱来的。数字时代冲击了传统的线下秩序，在数字时代的早期，人们欣喜于线上带来的便捷感，痴迷于网络时代带来的高效、便利和信息量。但很快人们发现线上并不能完全代替线下，轻成本、弱关系的内容和社交连接不再能满足人们对于价值的追求。而市井生活作为实打实的安全感、信任和亲密的来源重新被数字时代的居民们发现，并借由现代化数字工具进行传播。

其次，我认为目前的数字时代的市井生活也处于早期阶段，有很多“虚假繁荣”，各类参与者相互之间是割裂的。我看到的是：一方面，打卡三源里菜市场的网红们并没有真正参与市井生活，而只是把烟火气作为一种引流标签；另一方面，真正在市井生活里的人并没有那么拥抱数字时代，或者说被互联网糟糕的内容生产环境、猎奇似的内容陈列、千篇一律的瘦脸滤镜所裹挟着。线上线下依然是割裂的两个世界，我们离真正的数字市井还很远。

我和朋友们创办的跳海酒馆始于北京鼓楼地区的一个小胡同，目前开到了北京、广州、深圳和重庆几个城市。跳海定位于社区居民的线下客厅，人们的社交关系始于本地的社区喝酒社群，不同的人在跳海发起活动、分享观点。跳海酒馆在空间设计规划上留了相当大的社区公共空间。比如我们深圳跳海有一大片区域是24小时开放的，每天下午都可以看到很多社区的家长带着放学后的孩子过来，孩子看动画片，家长顺便喝一杯酒。

我的问题是，目前这种线上线下相对割裂的状态什么时候会被真正打破？在国内很多地方其实只有“市井”而没有“社区”，市井可以给数字时代提供很好的内容，但社区才是真正建立良性生态的关键。我认为数字市井商业的机会一定属于真正在建立社区、创造社区价值而不是消费市井文化标签的商业体。

©图源于跳海官方公众号

受访人

邵乐乐

○ 商业研究传播机构窄播合伙人

数字时代的市井生活指代一种虚与实交互、连接性更强的系统进化状态。虚拟世界例如社交、游戏和电商，因为现实逻辑的映射，变得更真实、多元、有人情味；现实世界例如城市空间、线下演出和休闲娱乐，因为虚拟技术的叠加，变得更普惠，更高效，更有体验感、差异性以及更确定的商业价值。

视频号、快手、小红书、安福路、麓湖、REGULAR源野、文和友、元初食品。

想了解的问题：这个概念的提出，经历了哪些过程，受到了哪些案例的启发，为什么是这个时间点，什么是“好的数字市井”，我们距离“好的数字市井”还差什么，数字市井可以给哪些行业带来新的思路启发和生意增量，数字市井能否纠偏社交网络歧途。

商业方向和机会：既有底层基础设施的机会，例如算力、算法和VR（虚拟现实）、AR（增强现实）等硬件，以及连接技术与行业的产业服务商，也有基于底层基础设施衍生出来的新流量的机会，新的交互方式的机会，新的零售形式的探索，新的营销方式的探索，更多的是一种思路的启发。这是各行各业的机会。

受访人

马晓东

○ 东顶影像空间画廊主

数字市井，即数字辅助社交。

艺术作品借由数字工具走向大众日常，也可作为市井回归的一种视角。比如艺术分享项目《中国照片》把名作变成大众可消费的装饰品，画廊也经由数字工具走向大众化。

©图源于全视影像官网

受访人

刘鹏

○ 敬之网络联合创始人

数字时代是更透明，是人联网。市井生活是身在其中，味道江湖。

和府捞面、便利蜂。

想了解的问题：数字市井的“屏读”有什么新材料、黑科技，以及“屏续”与“元宇宙”的连接。

受访人

董思哲

○《第一财经》杂志品牌企划

“附近的消失”，这一说法来自颇受公众欢迎的社会学家项飙。在他看来，附近意味着人与世界的真实连接，过度的交易钝化了我们对附近的感知。

我们的附近的确因为技术发生着巨大的变化。就在一年多以前，互联网巨头还在集体入局社区团购，小区周围穿梭最多的是快递员和外卖员，不少人担心家门口的小街边店们会被互联网巨头摧毁。《第一财经》杂志当时也用一期封面专题来讨论“中国式社区”这个话题。到了2022年，虽然社区团购模式已经冷场，但在数字时代的当下，街道并不缺乏新的场景。新消费品牌们借助社交媒体传播中的热度，迅速攻占城市里最火热的街区。相比传统线下零售店，这些起家于线上平台的新消费品牌创造了更多线上线下相结合的营销打法，也更深地理解了实体店、社区氛围在当下对于品牌的重要性。这是我眼中的数字时代的市井生活，既有还未填平的裂痕——线上生意对小零售店的冲击，也有融合与创新——新消费品牌们新一轮的实体店潮。

上海安福路是个挺典型的例子。

这片由武康路、安福路、乌鲁木齐中路和淮海中路围成的街区，面积约0.4平方公里，聚集了多抓鱼、三顿半、HARMAY话梅、素然等在社交网络上被热烈追逐的品牌。在短短两三年内，这片街区的商业活力和知名度出现了巨大的提高。

在这些新消费品牌到来之前，这片街区的商业活跃度其实远不如南京路或者一些大型商场。但随着Wagas、素然等品牌开始选择在安福路区域布局街边店，而非商场店，并带动更多新品牌加入后，这里已经变成了观察中国新消费市场的窗口。安福路不远处就是被Prada（普拉达）选中做快闪店的乌中市集。这种热闹的气息常常和线上打卡行为牢牢绑定。因此，不可忽视的是被许多人抱怨的“网红太多”“过渡标签化”的问题。但这至少是个开始，一个给部分人重回街道理由的样板。

想了解的问题：街道如何在商业活跃度和网红化、同质化中找到平衡？如何照顾到老年人的感受？

商业方向和机会：参考日本的一些街区活化案例，让除了政府、企业外的更多利益相关方（如本地居民、社会团体、学生等）参与到街区的建设中来，让未来的市井照顾到更多人的利益和感受。

受访人
招志雄
○ 广州城市物志创意文化有限公司负责人

数字空间（虚拟空间）是日常生活、市井生活的新载体。

广州恩宁路——永庆坊“老城市、新活力”旧区改造。

商业方向和机会：线上生活不能取代实体生活，但随着线上（数字方式）占据越来越多的时间，数字商品甚至会慢慢取代实物，成为消费风向标。

受访人
吴卫
○ 龙湖集团产品经理

每一个人的生活本质、人性本质没有发生变化，但随着智能手机、5G（第五代移动通信技术）、AIoT（人工智能物联网）等设施的普及，我们的生活中充满了被数字化过的痕迹。

典型案例是个体的数字化，如李子柒、张同学。

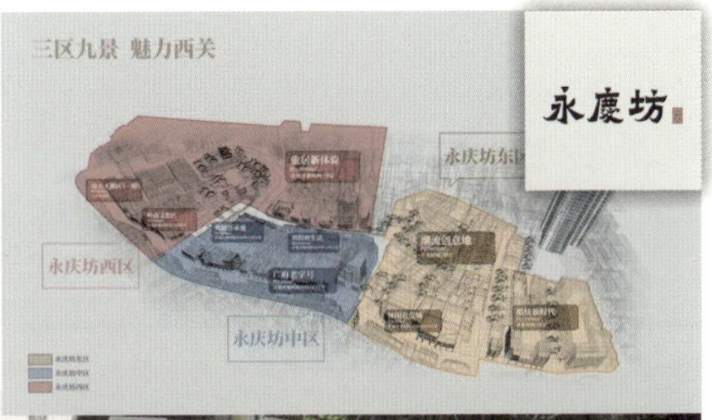

©图源于官方

受访人

张大力

○ 九星中视企业策划COO

市井生活即为近生活、烟火气，“近”与“烟火”就是市井。数字市井把物理空间进行了重构，把人间烟火分解为一段一段的文字、一张一张的图片、一节一节的视频片段。烟火已变，距离已虚，数字市井正在虚拟空间堆积出无数个圈层，重叠、迭代、消沉。

典型案例，如小红书、抖音、豆瓣。

想了解的问题：未来圈层化在现实物理世界的折射效果或者说后果，以示对商业发展的影响。

受访人

宋爽

○ 《新周刊》编辑

城市的规划、技术的加持以及人们所推崇的现代生活准则，使得市井气变得越发珍稀。自从新冠肺炎疫情席卷全球之后，这种独属于城市的喧嚣气氛更是难能可贵。但另一方面，在如今的“原子化时代”，市井气正在改头换面，从线下走到线上，尽管人人都在声讨科技带来的社交距离感，但这并不代表我们的情感需求能因此止步不前。

过去，我们对其他人生活的想象止步于家门口的百米之内，现在我们用大拇指不断地向上滑动屏幕，在数以千万计的短视频中寻找内心共鸣，这种通过虚拟世界得到的感动也是真实的。（摘自新周刊之《只有“混乱”，才有烟火》）

受访人

梁家祥

○ 合富辉煌（中国）陕西公司总经理

数字时代的市井生活，表现为人们通过视频记录自己最普通的生活，里面有邻里，有家门口的小店，有窄窄的巷子，有陌生人也有朋友。

脱口秀、杂货铺。

重建年轻人的市井生活是一个商业机会。

受访人

孙昆宇

○ 自由职业者

数字市井，是以当下这批年轻的准消费人群为主，用更广泛的生活元素覆盖相对传统的生活场景的一种破次元的感受。画面有些像《流浪地球》的地下城，人们在柴米油盐酱醋茶、家庭关系、职位发展、亲子教育等生活日常中，随时插入游戏、VR、脑机互联等更多的技术元素，造成一种思维无限升级、场景无限回潮的冲突感。数字市井，是文化与科技之间的一种碰撞。

单从“柴米油盐酱醋茶”的角度来描述市井烟火气回归，咖啡赛道会成为重要的呈现。

精致露营成为现代人的新热潮，坐落于深圳梧桐山脚下的Star Field星野露营地成为都市人周末的选择之一©图源于官方

首发榜单

数字市井
十大创新榜单

LAUNCH PICKS:

TOP 10 CREATIVE CASES of DIGITAL FOLKLIFE

数字市井，提出新的社会议题：越是科技大加速时代，人们越需要接近彼此。人与人的亲密关系，在数字世界完成信任关系重建。

数字市井，也提出新的商业议题：今天的商业需要建立引领温度感与烟火气的目的地。生活的目的地既可以是15分钟社区，也可以是更懂你的数字精神家园。

数字市井十大创新榜单，希望推选出具备多样性甚至探索性的代表案例，看到数字时代市井生活的新样貌，以及市井商业的更多可能。

MUJI
無印良品

A BEAUTIFUL CONCEPT | A BIG CUP | ALWAYS BE CAMPING
ABC
户外生活方式
OUTDOOR LIFESTYLE
泛户外
REAL CAMP
城市游民
URBAN NOMADS
户外美学
OUTDOOR AESTHETICS

No.01

MUJI生鲜复合店

关键词：社区居民饮食方案

上榜理由：MUJI生鲜的中国首秀，不仅在于到店购买体验的提升，更为附近居民提供早八点至晚十点的超长时段配送。MUJI的生鲜布局，围绕社区居民的每日饮食方案展开。

© 图源于官方公众号

国内首家MUJI生鲜复合店2021年11月落地上海，复合店占地面积4130平方米，由MUJI店铺和超市两大区域构成。店铺由MUJI设计和运营，超市则由MUJI提供设计，京东集团旗下七鲜超市进行运营。除售卖生鲜食材，还为顾客提供烹饪菜单、食材溯源等饮食服务。店内还引入冰激凌、比萨等冷冻食品，并增加拉面、麦片等速食品类。

MUJI中国总部表示，“我们开设生鲜复合店，目标是贴近消费者的生活区域，为顾客提供高品质的生活必需品，基于MUJI品牌战略之一，帮助顾客解决膳食问题”。MUJI生鲜复合店是MUJI作为生活方式品牌，更加深入社区商业的一次尝试。

中国首家生鲜复合店
2021.11.11 盛大开业
生活，值得料理
MEAL SOLUTION SUPERMARKET
七鲜 SEVEN FRESH
酒水
蔬菜
Produce

© 图源于官方公众号

No.02

多抓鱼回收站

关键词：二手市集

上榜理由：环境友好、循环经济已经成为新一代消费者的共识，与二手交易线上平台的精确匹配不同，线下二手市集的形式让人们沉浸在回忆与故事的氛围中，感受人与人更为真实的情感联结。

多抓鱼循环商店环境© 图源于官方公众号

自2021年9月19日起，为期22天的多抓鱼回收站二手市集成为北京三里屯独树一帜的打卡圣地。多抓鱼将此次活动的地址定在了颇具90年代风格的机电院，室内设计同样选择了复古简约的工业风格，与“二手”本身的商品气质相契合。

“回收站”整体被鲜明地划分成三个区域：二手图书、二手服饰以及供摆摊爱好者“练摊”的“再就业市集”。顾客不仅可以在线下买到多抓鱼的图书和衣服，还能够与风格迥异的“摊主”互动交流，通过丰富多元的空间体验强化二手市集的社交属性。活动即便需要预约购票，依旧挡不住年轻人期待“在都市里浪漫拾荒”的热情。

图均为多抓鱼再就业市集活动现场及海报
© 图源于官方公众号

No.03

ABC Camping

关键词：都市露营

上榜理由：ABC Camping是城市露营在疫后更加风靡的一个缩影，远方太远，但可以选择在身边寻找远方。以都市露营为代表的“山系生活”，正成为城市群体“微度假”的重要选项。

© 图源于官方公众号

ABC Camping是以露营为核心的户外生活方式品牌，关注都市群体的户外生活方式痛点，提供更轻量级的“产品+服务+体验”的完整解决方案。

ABC Camping 不仅代理众多国内外户外露营优质品牌，同时孵化自有品牌MONTO MONTO，极简风格和高度统一的审美，更专注“有意思的露营产品”。其产品提供购买和租赁两种方式，帮助人们更便捷参与露营活动。

ABC Camping线下空间ABC Camping & cafe已落地苏州、上海、沈阳、杭州等城市，“户外用品+露营体验+咖啡业态”的组合，让人们可以随时用一杯咖啡的时间体验一次都市露营。同时，线下空间也希望给爱好者提供更多交流的机遇，打破户外露营的距离感。露营不再只是追求专业的户外运动，而是每个人都可获得的微小幸福。

1.

2.

ABC Camping 品牌简介 - 品牌内容 02 ABOUT ABC CAMPING

ABC Camping 户外生活方式品牌

ABC Camping 户外生活方式品牌 目前拥有杭州、沈阳、上海、苏州四个线下空间，淘宝C店 ABC Camping 户外品牌集合店以及天猫 abccamping户外旗舰店，运营ABC Camping&Cafe 餐饮子品牌、 ABC Camping Village 千岛湖梓桐溪谷营地。主营范围包括但不限于户外装备、户外家居、 咖啡、展览及户外活动，并拥有国内多个知名品牌中国区总代理权及中国区代理权，如Tentipi、Springbar、Pendleton、Kermit Chair、Kinoco outdoor、HxO、Captain-Stag、NANGA、Anevay、Barebones等。

3.

4.

1-2. ABC Camping 活动现场图；
3. ABC Camping的线下空间一角；
4. ABC Camping在公众号定期推送文章，将品牌生活方式理念通过文章传递 © 图源于官方公众号

No.04

老街蚝市场

关键词：城市记忆容器

上榜理由：“市井运动”对在地性文化与关系的深挖，无疑在空间商业中有最鲜明的表现，文和友就是典型代表。从超级文和友升级为长沙、广州、深圳的“城市文和友”，从“城市推介菜”和“深笙蚝”的探索，到深圳文和友进一步发展为“老街蚝市场”IP，真实诠释商业如何重新深入生活日常，成为城市人的记忆目的地。

© 图源于官方公众号

2021年9月26日，深圳文和友正式宣布推出新场域“老街蚝市场”，这是文和友第一个独立地域特色IP。此前的“深圳墟”平行时空美学，原创本土沉浸式戏剧《绮梦》，已经让其在关于在地性的空间叙事上更向前一步，而这次探索则更为彻底——巨型的生蚝悬在半空中，随处可见蚝壳公司广告及生蚝霓虹灯，复刻90年代东门老街菜市场的热闹，现场完全布置成了一个水产市场。

这是一场“从形式到实际”的在地化深入，“非标”的背后是像当地人一样思考，重新理解当地市场的生活方式。目前文和友针对深圳市场推出包括三色炭烤生蚝塔、元气蒸黄金生蚝、大鹏湾经典烤生蚝等一系列“蚝产品”。根据消费者反馈，研发团队则将持续调整产品，并推出新SKU(库存量单位)。

老街蚝市场是文和友品牌在深圳的一次文化挖掘下的在地实验，具有城市历史年代感的海报和信箱都在新市集中再次出现 © 图源于官方公众号

No.05 上海五五购物节

关键词：场景经济

上榜理由：当代的商业逻辑，越来越被内容驱动，越来越被场景中的氛围、社交和体验驱动，首店首展、新消费、网红IP日益成为今天城市的焕活动力。上海五五购物节呈现出一个线上与线下日益融合、政府与市场主体同市民共建共享的全场景“上海试验场”。

© 图源于上海发布公众号

2021年，由商务部、中央广播电视总台和上海市人民政府联合主办的第二届上海五五购物节，从4月预热，5月进入高潮，持续至6月。除促进消费外，上海也较2020年体现出了更明显的数字化特征和场景融合业态。无论是武康路设计师品牌集合店LOOKNOW与精品咖啡的相互赋能，抑或是安福路上多抓鱼、三顿半、HARMAY话梅、野兽派各类概念店的流行集合，都让上海成为新消费的涌现土壤。而基于社交网络分享的“基础设施”，进一步反哺线下流量，展示出上海深刻理解市民价值、以市民生活便利性为导向的典型“用户型城市”特征。

以人性化治理为价值逻辑，深入社区日常，通过更灵活、更基于文化层面的企划，城市将越发表现出以内容为驱动、以场景为体验的经济模式。

上海五五购物节全城宣传 © 图源于上海文明网官方公众号

No.06

自贡灯会

关键词：烟火气回归

上榜理由： 节日习俗与风土人情，成为这一轮数字化“再市井”的真实支点。新技术与新媒介放大下的灯会、汉服节乃至菜市场、周末市集、夜市，以充满文化自信与多样表达的面貌回归，让商业重新关注对日常生活半径的回答，势能逐年破圈的自贡灯会正是代表。

自贡 · 中华彩灯大世界2021年灯会现场© 图源于自贡灯会官方公众号

自贡灯会的传统始于唐宋，兴于明清，自1964年自贡市人民政府举办首届灯会，至今已成功举办35届。作为疫情期间的探索，2020年自贡灯会离开长期驻地自贡彩灯公园，迁至由自贡市与华侨城集团共同打造的“自贡 · 中华彩灯大世界”，打破过去只在春节期间开放一个月的习俗，演变为全年常态化的观灯旅游。近几年在历史人文、精湛工艺和创新科技的融合下，自贡灯会走向全球，点亮国内500多个城市和全球80多个国家和地区，引发社交网络热议，创造“线上线下共同繁荣”的文旅样本。未来自贡灯会将从闭园式灯会向公共夜游转化，探索夜游经济的更多沉浸式产品形态。

1.

2.

3.

4.

1. 休斯敦“冬季梦幻彩灯节”；
2. 2022深圳锦绣中华自贡灯会嘉年华；
3. 自贡彩灯点亮第31届青岛国际啤酒节；
4. 自贡灯 · 中国年|山东聊城自贡彩灯

© 图源于自贡灯会官方公众号

No.07 今夜零时差：2022全球24时区新年慢直播

关键词：重塑仪式感

上榜理由：慢直播，是一场陪伴式直播。人与世界，人与他人，在一键接入、充满温度的“云内容空间”中，共同营造新的跨年仪式感。

© 图源于时差岛官方公众号

2021年跨年夜，时差岛与单向空间联合发起“今夜零时差”，于全球36+地标、24时区，直播24次日落与日出，完成一场历时16个小时的跨年直播。在热闹的跨年夜，不同时区的人们在直播间里伴随日落日出一起跨年。

直播的出现，可谓极致效率的基础设施代表，一键接入、所见即所得。然而从随时随地的效率，到随时随地的陪伴，直播变慢，也成为新的生活要素。打开直播间，进入每个“生活在别处”，看一次动物园散步，看一列火车的路途，看一座小城的日夜交替，人们也可以在直播间里成为“邻里”。选择“今夜零时差”作为案例，是看到在一个依赖相聚的节日，人们如何在云空间里彼此陪伴，这是新日常的酝酿，也是数字时代不一样的温度感。

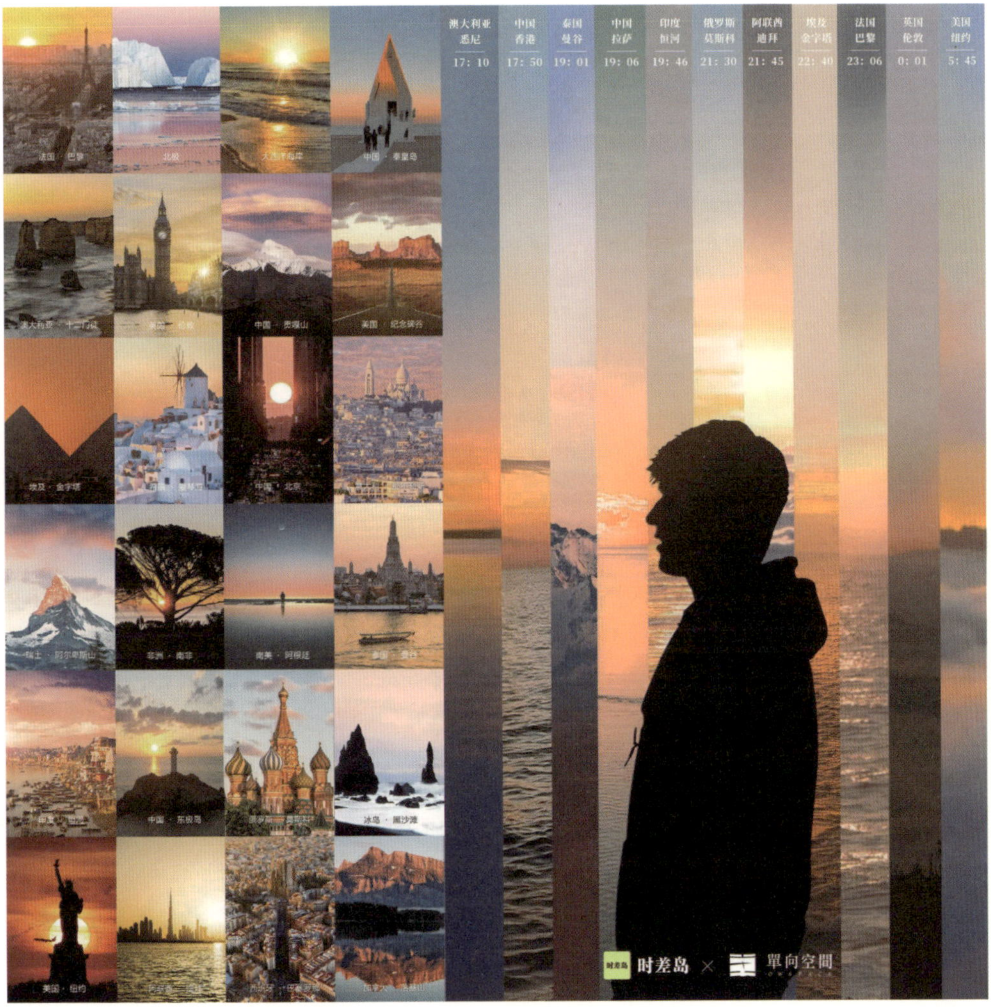

全球24次日落，24次日出，16小时直播时间表 © 图源于时差岛官方公众号

No.08 微信视频号“竖屏看春晚”

关键词：屏幕生活

上榜理由：2022年的春晚视频号直播，是屏幕塑造人们生活方式的缩影。竖屏和由其带来的内容形式与社交方式，全面进入中国人最重要的新年习俗，以竖屏为代表的屏幕生活走向全民化。

© 图源于央视文艺官方公众号

《2022春节联欢晚会》首推4个多小时的全程竖屏直播，让习惯手机观看的观众找到最舒服的春晚模式，除夕当晚超过1.2亿人在视频号观看春晚。虽然是“直播”，但并非画面的平移，竖屏9:16的比例与电视屏幕的体验截然不同，可以呈现演员从头到脚的完整比例，也更加突出演员特写、放大表情。直播评论区也成为热闹的群聊小组，直播间总评论数超过919万条，烘托着春节的欢聚氛围。实现竖屏直播的背后，则是一套针对性的技术方案，以解决观众视角、播放质量、沉浸体验等方方面面的新问题。

除夕夜看春晚是中国人的年俗，“竖屏春晚”是全民化竖屏生活趋势使然，让我们看到屏幕如何塑造新生活方式，又如何形成数字时代的新年俗。

1.

2.

3.

1. 竖屏看春晚预热宣传视频 © 图源于央视文艺官方公众号；
2-3. 竖屏看春晚手机截图，以及看春晚过程中参与的抽中红包封面的截图 © 图源于央广网官方平台

No.09 快手“非遗江湖”

关键词：数字审美

上榜理由：以短视频直播平台为代表，在充分发掘人的个性与关系的多样性背后，塑造了一个线上的“数字市井家园”。曾经的兴趣圈层与观念标签，于此找到新的审美形态与发表机制。“数字审美”的重建背后，是IP的重制和增量打开，更是数字时代的文化共鸣与意义再造。

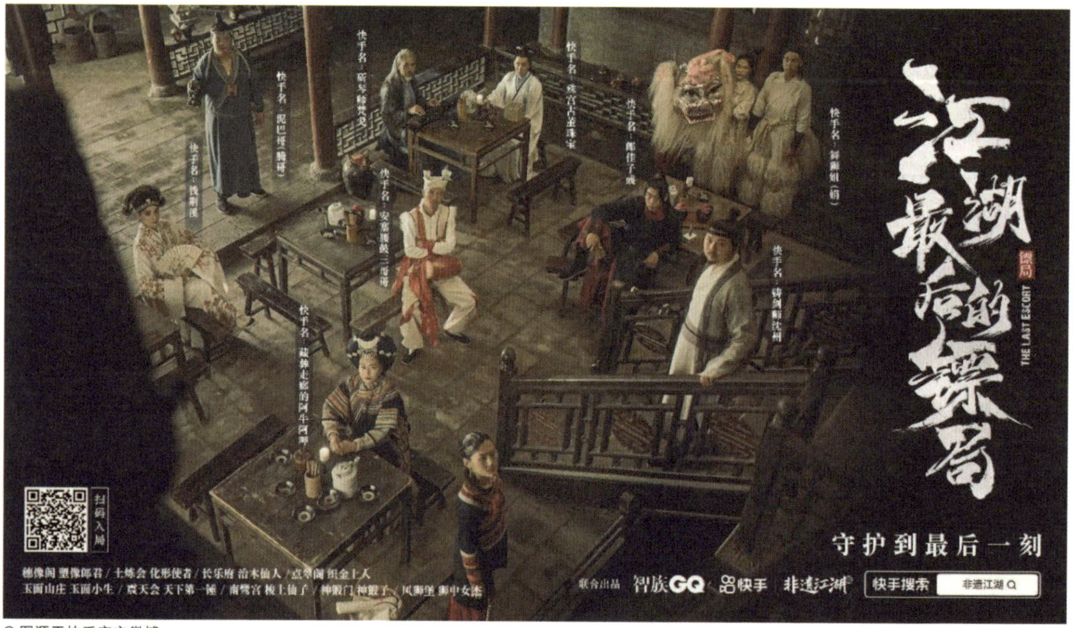

© 图源于快手官方微博

2021年5月，快手联合《智族GQ》打造的《江湖最后的镖局》宣传片上线，拉开快手“非遗江湖”IP的序幕。来自快手的不同非遗文化项目的传承人，化身土炼会、神锻门、点翠阁等九大门派的“江湖高手”，共同守护泥塑、铸剑、斫琴、彝族服饰、面塑、舞狮、昆曲等“江湖宝藏”。

据了解，在快手每3秒钟就有一条非遗视频产生，超过1500万个创作者生产非遗相关内容视频，对1372项国家级非遗代表性项目的覆盖率达到96.3%。而这一IP之下，“非遗市集+非遗艺术家表演快闪秀”相结合的多元形式，让非遗文化以数字时代的审美形态与交付方式触达更多年轻群体，成为充满想象空间的创作者经济。

震天会 天下第一槌
快手用户:安塞腰鼓三哥哥
一舞石激荡，一跃尘飞扬
槌槌撼人心，声声贯古今
快手搜索
非遗江湖
@快手
风狮堡 狮中女杰
快手用户:舞狮姐
跳腾挪转，舞动民俗济寒门
狮面之下，安能辨我是雌雄？
快手搜索
非遗江湖
@快手
点翠阁 织金上人
快手用户:殊宫古董珠宝
精湛手艺传千载古艺
名扬四海造国货之光
快手搜索
非遗江湖
@快手
穗像阁 塑像郎君
快手用户:郎佳子彧
手握重塑面人的权利
用酷刷新传承的定义
快手搜索
非遗江湖
@快手
快手用户:薇彝走廊的阿
裁如行云，勾勒彝服之美
绣如流水，描摹百年遗迹
快手搜索
非遗江湖
@快手
上炼会 化形使者
快手用户:泥巴哥
施泥以焕新之力，化土为生命之形
让人生重启，让传统重生
快手搜索
非遗江湖
@快手
神锻门 神锻子
快手用户:沈州
承四世锻剑绝学
续现世侠士精神
快手搜索
非遗江湖
@快手
长乐府 制木仙人
快手用户:斫琴师梵戈
斫木作音，抚弦作乐
闹市匠心守护中华古韵
快手搜索
非遗江湖
@快手
玉面山庄 玉面小生
快手用户:钱荆溪
昆曲新秀，颜艺双全
潮姿态传习古早唱腔
快手搜索
非遗江湖
@快手

© 图源于快手官方微博

No.10

古驰进驻The Sandbox

关键词：数字消费

上榜理由：数字市井，是现实与虚拟相互赋能的全新生活系统，也必然要回答数字消费形态与数字美学精神的新命题。古驰（Gucci）率先开启奢侈品牌的数字世界探索，也许会帮助我们更快看到数字消费的可能样貌。

© 图源于古驰官网

2022年2月，据*Vogue*杂志报道，古驰最新进入The Sandbox（建立在以太坊区块链技术上的虚拟游戏平台），并获得了“未公开数量”的土地。古驰将在其中建立时尚元宇宙空间，同时为Sandbox的玩家开发在虚拟空间可购买的可佩戴时尚单品。

古驰对数字消费的探索早已开始，2020年11月推出首款虚拟运动鞋Gucci Virtual 25，2021年9月上线古驰藏宝阁(Gucci Vault)线上时尚概念店，再到此次在The Sandbox的积极布局，可以看到古驰对数字消费的不断深入。

数字市井作为新的生活系统，是技术推动的现实与虚拟的相互赋能，既有现实的新附近，也有虚拟的新日常。围绕数字消费的产品形态、交易方式、美学体系、品牌价值等问题，都将逐渐在其中建立新秩序。古驰对数字时代的积极拥抱，最终也将由消费者参与其中，给出新消费精神的答案。

古驰和品牌SUPERLASTIC的角色联名合作推出的NFTs系列作品——SUPERGUCCI©图源于古驰官网

想

象
相
IMAGINE

当数字化接管一切，人际关系和生活半径不断走向网络化，传统的市井烟火成为一代人记忆里的温暖，而数字化创造的“附近”也成为当代人的市井生活。

越来越多的咖啡店、小酒馆成为城市的治愈系地标，越来越多的数字化菜市场、数字化便利店成就日常的温度感，越来越多拥抱在地性的新业态，联结城市、街区与人的亲密关系。那些数字化过程中消失的附近，以不一样的面目回归，表达出多样性，蕴含着包容性。

专题一将会展现多样性中的新鲜样本，看见年轻人生活方式、目的地业态创新、城市再生长中的市井叙事。

专题一

重返市井：多样性在附近回归

BACK TO FOLKLIFE: DIVERSITY RE-RISE IN THE NEIGHBORHOOD

TOPIC ONE

城市漫游，年轻人的另类日常

RAMBLING IN THE CITY, THE UNORTHODOX LIVES OF YOUTH

文 / 陈垠、孙园

陈垠
Chen Yin
原出版社编辑，现长沙新媒体从业人员，
聚焦商业新消费与城市在地人文，
个人公众号“沉吟Nekosogi”。

网络上的萍水相逢常常略显冷漠，烟火气的邻里日常又过于烦琐。在城市人文与社交网络夹缝中长大的年轻一代，正在定义属于这个时代的疏离又亲密的市井生活。

2020年三四月份，因疫情滞留在长沙的瑞合开始了她的创业项目：露营和野餐。彼时，长沙市场上几乎没有人将露营作为产业，从国外留学回来的瑞合敏锐地嗅到商机，她认准在后疫情时代，人们对回归自然的渴求。

很快，星空下，小河边，葱郁之间，都支起白色的帐篷，乡野里绽放出城市文明的芬芳。据统计，2021年小红书上关于“露营”的搜索量比2020年同期增长了428%——露营的热度仍在继续。与此同时，露营相关的基础设施也在迅速完善，提供营地服务的大热荒野、提供活动运营的一帐Campus、户外运动品牌牧高笛、提供户外装备租赁的三夫户外、露营装备集合店

ABC Camping……围绕露营的商品与服务快速诞生了一条完备的产业链。

更加小众的禅修是另一种选择。年轻人来到寺庙，成为义工或者寺工，但不出家。与萍水相逢的人同吃同住、共同习作，孤立的个体在这里找到安慰。这似乎是一种精神世界的回归，因为疫情而产生的物理分离有了仪式感的合并；这似乎是群居动物的本能，想要共生的温度和融入的安全感。17世纪，英国玄学派诗人约翰·多恩的经典诗句“没有人是一座孤岛”，至今仍是朴素的真理。

2021年下半年，一种名为“早C晚A”的生活方式成为都市年轻人的新宠，“C”指咖啡（Coffee），“A”指酒精（Alcohol）。所谓“早C晚A”，比起产品本身，这个词更偏向对场景的描述——白天，人们在咖啡馆里交流思想、碰撞灵感；夜晚，他们在气氛暧昧的小酒馆里，卸下疲惫。

从功能主导到体验至上，属于这个时代年轻人的生活日常似乎遵循着某种逻辑：以身心的舒适体验为宗旨，兼顾线上社交分享与建立人设的一举多得，跟随潮流却不显刻意，彰显个性又拒绝标签。

因此，周末要去艺术展，运动要选择费时费力的滑雪或少有人知的飞盘，剧本杀超越KTV，脱口秀剧场成为下班后的选项，对市集的热情超过逛商场，脱单便利店取代了相亲角……当年轻人走入线下，城市新业态从旧市井的废墟中徐徐而生——当然，不能忘记以精致自拍或vlog作为参与城市生活一天的happy ending——既是数字生活的仪式感，也是引爆市井潮流的总结陈词。

科技愈加发达，探索与连接的方式变得更加多元，传统线下高度市井化的生活光景正在这场极速的变化中变得斑驳。但在生活的碎片里，市井并未消亡，而是以“数字化的生活方式”焕发新生。线上反哺线下，重燃年轻人的生活热情，一如打卡浪潮催生在地探索热情。线上“种草”能力有多么强，线下消费体验就有多么旺盛。打卡不仅停留在生活仪式感，更突显数字新民俗成为显性趋势与普遍共识。

有人曾诟病科技阻隔人心，但硬币的另一面，越是科技大加速，人们越需要接近彼此。数字市井从传统市井烟火的废墟中成长，成为年轻人的另类日常。

专访REGULAR源野：
公园下的生活方式社区

INTERVIEW WITH REGULAR TEAM:
A LIFESTYLE COMMUNITY UNDER THE PARK

采访人／孟幻

REGULAR源野（下文简称“REGULAR”），位于成都大源中央公园下沉广场，包含3个下沉式户外花园和1个公共艺术空间，聚集有20余个生活方式品牌，包括面包店、咖啡厅、餐厅、花店、理发店、买手店、自然艺术工作室等。自2021年7月首批空间开放，REGULAR迅速成为成都新的城市名片，吸引各方关注，也逐渐成为当下热门的“公园商业”“城市更新”案例代表。用REGULAR团队自己的话说，“一个非标产品这么受欢迎，感觉就像高考做对了附加题”。

“LAUNCH首发”与REGULAR团队的这次沟通，希望能在标签之下，去了解REGULAR的项目初心与商业逻辑，也希望在“回归附近的生活”这一主题下，从REGULAR的视角，探讨商业项目与城市、与社区、与人的理想关系。

在我们看来，REGULAR用一种难得的平衡感，创造了新的商业可能——更具时间性的浪潮，生活流的消费活力，心理距离上的“新附近”，具备自组织特征的“开发商+商家+消费者”价值共同体。REGULAR的社区营造，不断形成精神世界同频的新邻里。

一 REGULAR 与成都 >>>>>>>>>>>>>>

“LAUNCH 首发”：

REGULAR 如何理解当下的成都生活方式，项目中怎样呈现与表达其生活方式特质？将这个问题延展开，其实是想聊聊商业项目与城市的关系塑造。

REGULAR 团队：

“闲适”一直是成都的生活方式标签。提到“闲适”，大家会想到成都人爱晒太阳、吃火锅、喝茶……但“闲适”在年轻人中一定会有新的表达、新的需求，REGULAR希望呈现当下的成都、更新的成都。比如喝茶，年轻人其实也喜欢，但喝的可能是新式茶。项目里有个品牌叫“tazaTe大地茶场”，出品的是像气泡酒口感的酿造茶。到了晚上，tazaTe还会提供酒，大家可以在花园里悠闲地喝上一杯。成都的生活方式被延续，以年轻人喜欢的样貌。

我们更愿意把REGULAR定位为一个“社区项目”，不仅是面向物理空间上的周边几公里，更多是面向特定圈层，希望连接同一类人来到这里。整体上是面向相对成熟的客群，成熟不是框定年龄，而是代表经历。这群人有生活阅历，有一定见识，看过好的东西，对生活品质有更高要求。我们经常看到头发花白的老人来到REGULAR，他们享受生活也欣赏年轻人的活力。而不是大家想象中的老人在公园里带孩子，年轻人来下面逛。到周末，全家老小一起来的特别多。大家洋溢着的幸福，也让我们感到欣喜。

所以REGULAR的目标不仅仅是有好的商业回报、消费额，而且是真正能够为商业创造新价值，带给行业一些有益的启发。后者对我们更重要。

我们更愿意把REGULAR定位为一个“社区项目”

WE PREFER TO POSITION OURSELVES AS A COMMUNITY PROJECT

二 REGULAR 与公园商业>>>>>>>>>>>>>>

“LAUNCH 首发”：
REGULAR 被外界定义为“公园商业”的代表，REGULAR 怎么去理解公园商业的特性和其之于城市生活的价值？

REGULAR 团队：

从时间线上，我们项目推进时“公园商业”的概念还没有这么高的讨论度，REGULAR也没有刻意贴上“公园商业”的标签，它就是一个因地制宜的项目，因为坐落在公园，就必然要考虑环境特点去做项目定位和业态规划。

比如东花园离公园更近，就特别强化和公园的衔接。最典型的就是FINE · PARK餐厅。它的店铺选在离公园最近的位置，通过门口楼梯可以快速到达公园中心。不同于在其他城市的门店，FINE · PARK在REGULAR提出“野餐”概念，在店内的部分菜品，会以便当盒形式呈现，同时还提供野餐用品的租赁服务，鼓励大家把食物带到公园享受户外野餐。FINE · PARK可以说把我们的“因地制宜”展现得淋漓尽致。

但如果要去提炼“公园商业”的特点，我们认为它必须是生态环保的，要与公园的环境很好地连接与呼应。比如REGULAR西花园的韩国造型品牌by miga，第一次去的人很难把它和理发店联系起来。by miga的门口是一棵树，同时围绕这棵树形成弧形的休息区——理发店的门口仿佛公园一角，可以让人们随时坐下休息。

公园商业的业态布局应该关注日常，让人们“每天都可以来”，买个面包，喝喝茶，早上遛狗的时候转一圈。同时，入驻的店铺和品牌不应该带给人压

WE THINK IT HAS TO BE ECO-ENVIRONMENTAL FRIENDLY

我们认为它必须是生态环保的

迫感，即便不买什么，也可以轻松地逛一逛。我们希望REGULAR能成为人们生活中的常备选项，是一个不用特别认真作决定、不用怀着很强目的性、临时起意也可以去的目的地。

公园是城市的公共空间，公园商业也承载着公共空间的营造。REGULAR在3个花园中间设计了公共艺术空间gregarious，不断更新策展、快闪店、限定空间，包括特别去陈列杂志《B》和杂志《F》，用内容让空间流动，为人们建立深度沟通的桥梁。整个项目空间里也设置有足够多的座位，让大家可以随时坐下放空、看书、聊天，努力去创造一种公共空间里的自在感。

8billionandone
REGULAR.
CHENGDU

三 REGULAR 与主理人品牌 >>>>>>>>>>

“LAUNCH 首发”：

REGULAR 聚合主理人品牌的模式，内部是如何论证的，选择主理人品牌的原则以及双方需要达成的共识是什么？

REGULAR 团队：

我们在做完项目的前期考察之后，内部就很明确定位在“生活方式”品牌。

项目本身体量比较小，只有6500平方米，设计下来也就能容纳20多家店，我们也因此决定在这里聚合更多“非标”的主理人品牌，让有限的空间呈现更丰富的多样性。

选择主理人品牌，基本是“聊”出来的。我们会去了解品牌自己的发展规划，以及双方对项目理解的契合度，品牌是否愿意为REGULAR做出一些新尝试、注入新元素。

还有一点挺特别，我们会重点考虑“左邻右里”的关系，看彼此是否价值观合拍、调性一致。我们曾经跟一个主理人聊天，其间他不经意说了一句“这里挺好的，顾客很好，商户也很好……”他的有感而发让我们觉得非常珍贵。

具体到项目落地，我们会对店铺设计做整体把控来确保品质。这个过程里我们会特别警惕一些突然流行起来的元素，尽可能去追求审美的时间性，而不是短暂的网红化。这也是REGULAR想表达的理念，看似普普通通，但能持续地融入生活，成为日常。

·REGULAR 源野品牌清单·

面包会有的 ○ Saucerful ○ tazaTe 大地茶场 ○ Rainy & Winy ○ UID Café ○ Crescendo @ FIELDS 十域 ○ % Arabica ○ FINE·PARK ○ 荒石公园 ○ LINFORNI ○ by miga ○ LANLIZI GALLERY ○ gregarious store ○ HOJA ○ CLAP + ok center ○ Element ○ CONCEPTS ○ Norlha ○ The Dot ○ 白鸟之歌

四 一个主理人品牌的故事：荒石公园>>>>

“LAUNCH 首发”：
选择一个主理人品牌，聊聊背后的故事吧。

REGULAR 团队：

我们觉得比较特殊的一个品牌是“荒石公园”。

荒石公园的两位主理人小熊和阿哲一直扎根成都，大学毕业后只当过一天上班族，办完入职，坐在格子间，感觉这并不是他们想要的生活，当天就决定辞职，随后在2010年创办了“荒石公园”。他们用在大自然或是日常生活里收集的昆虫、植物作为素材创作标本艺术品，让这些自然主题的作品成为传递美好的生活物件。

荒石公园入驻REGULAR前辗转过三个地方，几乎都在不起眼的角落里。最初荒石公园的店内设有下午茶，两位主理人亲自制作。但随着顾客慢慢变多，他们却主动停掉相对高利润的下午茶，因为感受到创作和生活的状态正在被影响。在停止下午茶的顾客告知中他们写道：“荒石公园对我们俩来说并不是一个我们需要去完成的目标或者任务，它更像是我们的生活本身，充满着未知和探索，我们需要做的仅仅是将我们的生命力全情投入其中，去感受，去学习，去大胆地尝试。”

我们和两位主理人认识已久，在项目非常早期的时候跟他们聊起REGULAR的设想，他们感觉很喜欢。尤其项目身处公园中，随处都是可供他们“捡”去创作的素材。特别有趣的是，现在我们和其他商户如果在公园里发现快要死掉的小昆虫，例如蝴蝶之类，都会第一时间通知他们过来收集。（他们不

REGULAR和品牌之间也是这样一种关系，不是简单的商业合作，更像是志同道合的朋友共同建立一个有生命力的社区。

THE RELATIONSHIP BETWEEN REGULAR AND BRANDS IS MORE THAN A BUSINESS PARTNERSHIP, WE THINK WE ARE FRIENDS WHO HAVE SIMILAR IDEAS TO BUILD A VIBRANT COMMUNITY TOGETHER.

收活物，如果还有生存的希望，也会尽量挽救。）

与之前店铺整面标本墙的震撼不同，REGULAR中的荒石公园是一座“档案馆”。标本作品被放置在大型斗柜中，每个抽屉都有编号，访客拉开每一个抽屉的瞬间，都是探索未知的惊喜，不仅每幅作品独一无二，抽屉里的陈列也在每天变化。荒石公园还是项目里最受小朋友喜欢的地方，他们像在大自然里寻宝一样开心。

对于两位主理人来说，他们更多把这里作为自己的工作室而不是店铺，仍然是在一个不起眼的角落，用他们舒适的节奏生活与创作，用作品与人们交流。REGULAR和品牌之间也是这样一种关系，不是简单的商业合作，更像是志同道合的朋友共同建立一个有生命力的社区。

观潮宗街：
市井失落与在地新生

ABOUT CHAOZONG STREET:
THE DISAPPEARANCE AND REVIVAL OF FOLKLIFE

▌文 / 郭畅

- 郭畅
- Guo Chang

读书生涯以习画为线索，
工作经历以文字为主核，
致力于在地文化的观察与书写。

“
什么样的街道，可以让人停下来打招呼？
”

这是《三联生活周刊》基于“人文城市”大命题的发问。在新消费赛道铺开、多元人群对街区的想象与生活需求被打开放大的语境之下，什么样的街道，可以让更多的人停下来打招呼，以及找到生活方式？

上海安福路，一条不超过1000米长的马路，满满分布着洋房、老宅、名人旧居、弄堂，老上海的味道十足。与此同时，安福路还是许多“品牌首店”入驻第一站，多抓鱼、三顿半、HARMAY话梅……在青年消费大军的加持下，安福路在悠久浓郁的历史底蕴之外，新增了属于当下的新兴青年力，这是属于市民与一条街道的群舞。

北京杨梅竹斜街，一条古来有名的文化街，民国时期，因书局密布，被称为“出版社一条街”。现在，行走在杨梅竹斜街，咖啡馆、日料店、瓷器铺等连接当下生活方式的落脚点层出不穷，胡同新貌，穿梭在历史古建中，展露的是当代生活。

社区更新、老街改造的热潮下，城市的消费娱乐场不再限于语境同质的百货商场、商圈、商业街。在大型商场、商业街等传统的消费场景之外，以生活社区为背景孵化的、更具呼吸感的消费、打卡目的地，早已成为新兴的常态。

在长沙，有一片潮宗街区，往北是市井生活风貌，往东、南、西方向则是商业新态。在近一年的时间里，多元消费场景如雨后春笋般生根滋长。新消费的在地新生，市井痕迹何去何从？我们进入长沙，在仍处于流动状态的潮宗街历史文化街区漫步。

CHAOZONG STREET

长沙潮宗街：

城市上升，记忆川流不息

潮宗街历史文化街区是一个片区名，其中包含了潮宗街在内的6条街巷：潮宗街、北正街（今黄兴北路）、连升街、三贵街、福庆街和永清巷。我们直言的潮宗街，所指的往往是包含了这6条历史街的潮宗片区。

潮宗北，近西园北里公馆群；潮宗南，到中山路，步行不远即中山亭；西至湘江大道，旧时临近码头；东往黄兴北路，有曾经红极一时的地下商城“金满地”。潮宗街到现长沙商业中心五一广场，步行也不过1公里的距离。

这样一片邻近市中心与湘水码头的“黄金宝地”，4年前遍布的却满是生活景——肉铺、菜店、自行车修理、棋牌室等等社区居民日常生活、打发时间的场所。那时的潮宗街，与居民生活相伴的，是分布在街区各处的公馆与古建：金九活动旧址、九如里红砖清水墙老式公馆群、文化书社……潮宗街作为省级历史文化街区，保存有3处不可移动文物、2处省级文物保护单位、10处市级文物保护单位和其他多处历史建筑。历史留痕与具体的日常交汇在老街小巷，谱写烟火气十足的“长沙老口子”生活方式，直到随着城市的发展节奏、社区更新老街改造的脚步，新消费场景入场。

长沙，近年以新消费之名蹿红于年轻男女的旅行打卡目的地，三顿半、文和友、茶颜悦色、墨茉点心局、柠季……重塑这座城市消费品质的同时，激发了一座城市的“品牌热”。品牌方的选择有哪些？有没有除了成熟商场、商业街之外，更多元化的场景选择？

长·开不可移动文物0006
民国旅社戏楼
长房集团
梓园
梓园

COFFEE & ALCOHOL

咖酒文化：
巷弄里的“新市井”

文化属性与商业潜力综合的街区，积极接力，给出回答。选择落址潮宗街区的品牌多具备青年感、潮玩、新生活方式等特质。现在，街区已不剩多少空铺，设施完备、气氛较好的连升街更是一铺难求。然而，街区的第一家咖啡店开业，也仅是在2020年下半年，名为“蜗牛院子”。双层木调装修，营造了类似家居客厅的温馨感，临着巷道偏窄的街道，和对面仍有老居民居住的双层宅院对望，颇具老城生活味。

在蜗牛院子之后，咖酒饮品类商铺数量呈现蜂拥的趋势，自然会引起更为激烈的竞争。在街区生意场中，不是每一个品牌都为人熟知，但其中绝不包含“青山书房”。

青山书房以咖啡、茶饮为主。整体外墙呈类寺庙一般的绛红色，拐入小巷，可闻到扑鼻的檀香味，以为是隔壁的民间居士所为，但步入青山书房院内，也确有四处可见的“儒释道”痕迹。商业体和原住民，在气息与视觉上密不可分，这是新业态融入街区的最好状态。

另有一家同属于首批商业体的咖饮品牌——叁杯咖啡，则是用另一种方式完成天然的在地融合，并以可观的速度实现了商业拓展。

叁杯咖啡位于福庆街的一个岔巷口，7平方米不到的铺面空间，定位为窗口咖啡。4个高脚凳，供客人短暂地“等杯”、停留，如想久坐闲谈，也可向老板借灵活可搬的“键盘椅”，在小坪里支起几把，便是一局老友记。叁杯有很多新友喝成老友再带来新友，咖啡客们热衷于和老板谈天说地，这多源于老板夫妇轻松自在的生活观。

俩人之前在越南做咖啡，在他们的日常里，咖啡是一种生活方式而非消费方式，比起冲着空间舒适

蜗牛院子

青山书房

感而选择咖啡馆，宁愿是为了一杯好咖啡即买即走。初来长沙，他们倾心于选择一条有烟火味的街区作为店址，同时希望周边有体量足够的上班一族，为咖啡售卖保底。逛过岳麓山脚、西园北里、苏家巷这些长沙热门的街区，最后选择了藏匿在巷口，靠近万达写字楼的潮宗街区。老板称这一选择为缘分，因为在选址时，潮宗街区并未火热，所见更多的是居民生活场景。开店后，搭乘街区发展的流量潮，以及选址时对人群的成功预判，叁杯在各种社交媒体上收割热度。自家的咖啡熟客演化成生意上的合伙人，今年已在长沙拓出4家新店，均为小空间体量的窗口型咖啡。其中和中国邮政合作的“报刊亭咖啡”，在即买即走的同时，还可以捎上一本新刊杂志。

叁杯咖啡

STREET VIEW

街区风貌：

商业与生活因人而异

在这条仍处于流动、变化中的历史街区，新兴消费场景与市井生活百态紧密贴合，热衷于新消费的年轻人、对市井老街有饱满情怀的扫街摄影人，均是这条街的稳定受众。因为包容，所以多元，这也是“拐厂”老板选择这条街的原因之一。拐厂因位于潮宗街岔巷口的拐角而得名，老板夫妇一位是深耕本地的DJ音乐人，另一位则极擅手工。拐厂像是他们自家的“对外仓库”，一楼售卖自制工艺品及各地搜集回来的玩具、vintage物件，二楼是音乐工作室，平日里不对外开放，但也“看缘分”，“哪天就开放，可以上去看看也说不定”。老板面对一楼的买卖也是类似的心态，“看眼缘”，在售卖特别喜爱的物件时，老板会和对方简单聊聊天，像是“确认”即将接手这件物品的人真正懂得它的价值。

从拐厂往黄兴北路方向走，有一处相对潮宗街“新消费、小商业”的业态环境而言，体量稍大的商业体：亦间 · 6500酒店。之所以在潮宗街选址，为的也是这自然而然的在地感，门口的麻石大街、周边商户的吆喝与单车过路的响铃声，仿佛能窥见百年前的长沙城剪影。亦间 · 6500酒店的房间名全部以潮宗街区的历史痕迹、市井遗风命名：梓园、九如、楠木、茶事……居住，是从另一角度对街区的探寻，白日好逛，夜晚好梦，照料人的各个自在维度。

在消费者眼中，潮宗街俨然已经是一条好拍、好逛、好吃的消费、打卡目的地。但在街区规划者眼里，这还只是一个“新生命的初生时期”，往后的路还很长，而且，比起“从0到1”的改变，日后从“1到10”的拔高才是加速的主场——如何铺成商业场景与市井痕迹各自出彩的赛道？如何平衡商业与商业之间的同质或差异？如何“保鲜”历史街

在街区发展中，步行体验与在
地生活的舒适会被优先照顾。

区中的文化生命力？

三贵街与永清巷一带在修建新的活动广场和停车场，规划人员表示：即便如此，也不可能满足所有来访的停车需求。“来潮宗街不好停车”，是市民不断反映的问题，规划人员对此的态度是：“城市街巷应该优先为人的便利而存在，在街区发展中，步行体验与在地生活的舒适会被优先照顾。”

什么样的街道，
可以让人停下来打招呼？

是以人为核心的，
是流动自然的，
是各种风味充斥在其中的。
而所有的回答，
将藏在以潮宗街为出发点的
街道观、城市观、生活观里，
隐于时间里，
以街区风貌来交付答案。

科幻小说《雪崩》里，通过一个“公共入口”，所有人才得以跨过现实与虚拟的边界，进入理想中的元宇宙。在那个人人都可以成为一段代码的未来来临之前，数字化虚实结合深入的趋势下，以“直播+短视频”为代表架构的一场关系复兴，成为各行各业进入数字市井的新基础设施。

快手这样的“数字市井”代表平台正发挥越来越重要的“入口”作用。快手定位自身为Meta-Marketplace（新市井），通过“社交+内容+数据”的三重驱动，实现对附近的多样、个体的多元的真实镜像和充分连接，此前的原子世界和比特世界在高像素融合中重新变得繁荣、高效而有温度。

基于“快手新市井”繁衍出的“新市井商业”不是将一个500人容量的集市搬到线上吸引用户游览，而是要将市井如高速公路般延伸至5亿人的家门口，形成一个涵盖了购物中心、街市、社区店和消费者的“Meta-Marketplace”，并将流连其中的人的交流和交易行为抽象剥离，拓印在由0和1构成的线上数字生态里，完成营销归因和数据闭环。

本专题从数字市井的商业实践层面出发，以快手磁力引擎“新市井商业”为观察样本，邀请多位快手高管、行业专家及品牌代表探讨——新市井如何重建信任关系，释放商业想象，拉近人与品牌的联系；新市井商业如何演绎Meta-Marketplace，立足深入人的原生内容和全域数据，为品牌提供面向未来的成长路径；品牌又如何在新市井商业中定义有温度的用户陪伴，创造实打实的生意增量。

专题二

磁力引擎
“新市井商业”：
激活品牌新增量

MAGNETIC ENGINE
META-MARKETPLACE BUSINESS:
BOOST THE GROWTH OF BRAND

TOPIC TWO

数字市井释放商业想象

DIGITAL MARKETPLACE BREAKS THE RESTRICTION OF BUSINESS IMAGINATION

▌文 / 张一童

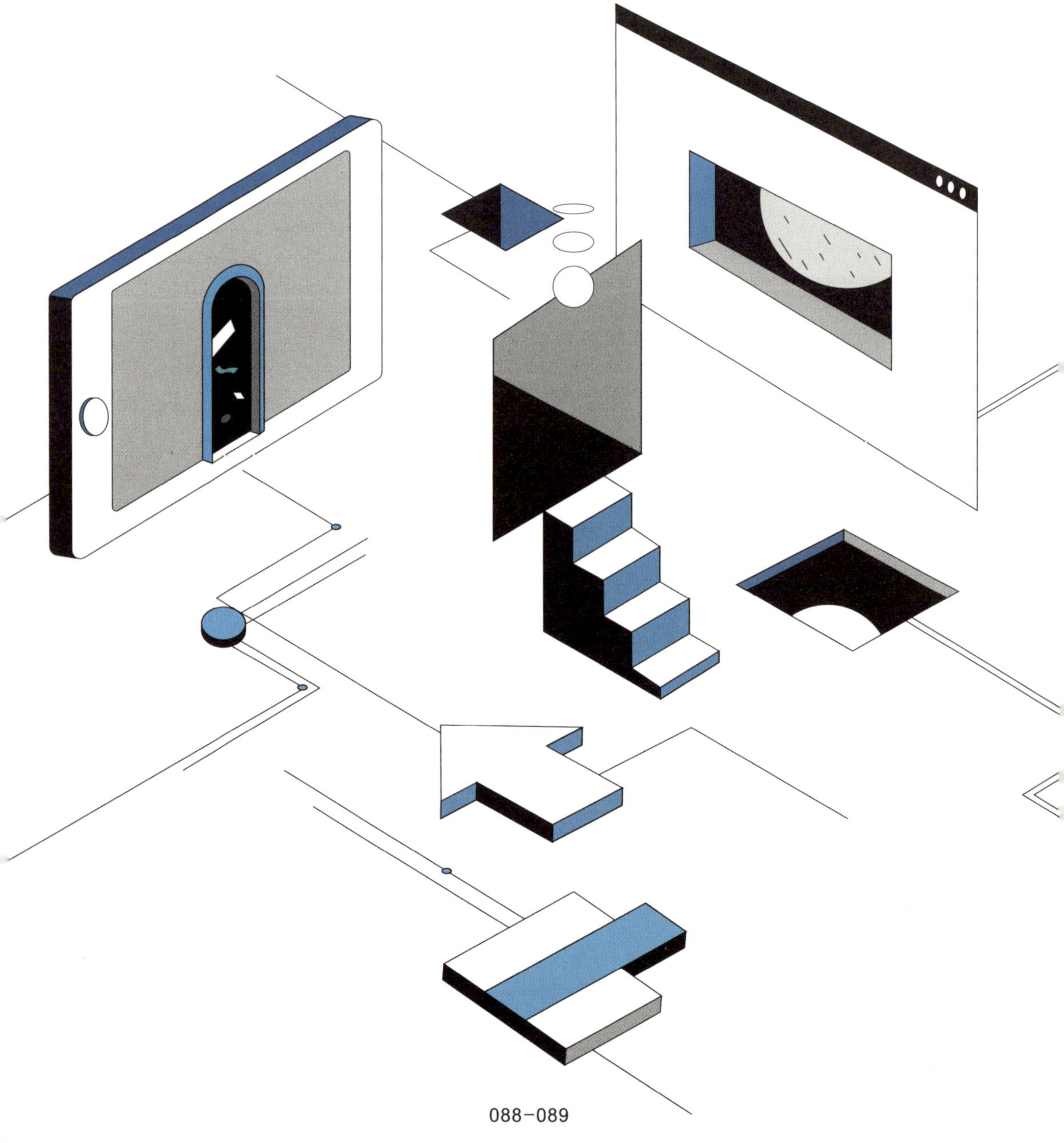

01

场景实验室：数字市井的“快手实践”

技术改变了人们对“附近”和“熟人”的理解。在乡土中国里，人的连接依靠亲缘、地缘关系。后来，旧的连接方式被大规模的城市化打破，个体逐渐趋于原子化，原子化的过程带来了传统市井文化的式微。人类学家项飙在《十三邀》的访谈中提出了“附近的消失”，即人们对生活中“附近”的关注度在降低。

到了数字时代，技术演进给人的生活带来巨大的改变，一些东西并非消失，而是换了场景和形式存在。例如新闻聚合平台实现了资讯的数字化，电商App实现了购物的线上化，长视频实现影视综的数字化。作为社交的数字化，线上社区也让孤立的原子再次连接起来。这种连接不再仅仅依靠亲缘、地缘关系，还借助内容、兴趣、消费等圈层节点，形成更丰富多元的网络效应和社区氛围。

场景方法论提出者、场景实验室创始人吴声，在2021年新物种爆炸大会首度提出“数字时代市井运动”。在数字技术的持续深入下，曾被冲击的“旧市井”，有机会重新缔结为数字化新关系连接，人们不必再受限于既有空间，而可以拥有更丰富的社交圈层，触达更多元的生活方式，再造数字时代的市井文化。

再造一个线上市井家园的可能，首先得益于“短视频+直播”等带来的内容创作便利。智能手机的普及让视频成为门槛更低但信息量高的表达文本，提供一个人人可随时表达的机会，个体崛起的价值被极大化释放，线下真实生活被最大限度地在线上呈现和传播。

第二个技术前提是人工智能和推荐算法的成熟。先进的算法分发技术和普惠的社区价值观，保证的是好的优质的内容被看到、关注、讨论，不好的违规的内容被打压，建构起一个以新邻里关系和信任网络为基础的市井生态。

以快手这样的“短视频+直播平台”为例，截至2021年底，月活跃用户超5.7亿，遍及各线城市及乡村。在中国有统计的职业工种为2670个，而在快手活跃的用户就覆盖超过90%的职业。这些用户在快手产生163亿对互关关系，人均每天打开快手15次。这带来了天然的活力和互信，也让快手新市井不仅是传统市井的数字镜像，且展现出重构本地关系、再造附近的能力。在快手，遍布百城千县的地方媒体号和本地红人都有相当强的本地影响力，例如知识类达人“儿科马大夫”收到的基本都是来自本市人的关注。

新的内容生产和消费机制正孕育其中。政务媒体内容、CBA和奥运会等体育内容在快手上都有相当高的关注度。一些新的内容形式，比如短剧，也在快手得到孵化。目前快手的短剧日活已经超过2.3亿，平台短剧创作者总收入超过10亿元。

社交关系与多元内容构成的新市井，甚至可以反向映射与赋能，转化成实实在在的商业新机会。本专题的几篇文章就会展开介绍，以快手为代表的“新市井商业”样本，在重建信任关系、重构用户价值的同时，正在重塑数字生活日常半径，让生活与生意变得更加无界。

新市井商业成为今天更多品牌都需要重视的命题。越是数字化大加速时代，人们越需要接近彼此，商业也越需要引领温度感与烟火气。快手新市井方法论的本质正在于把“老铁”作为方法——真实人格，带来真实增长；信任关系是核心——品牌是用户信任的产物；品牌走进新日常——有烟火气的数字体验，线上线下的共同繁荣。

快手"短视频+直播"平台

5.7 亿
月活跃用户

超过 **90%**
活跃用户覆盖的职业工种

163 亿对
用户互关关系

15 次
人均每天打开快手

超过 **2.3** 亿
短剧日活

超过 **10** 亿元
平台短剧创作者总收入

数据截止至2021年底

C02

秒针谭北平：

快手新市井，品牌建设的关键是全方位连接用户

- 谭北平
- **Tan Beiping**

明略科技集团副总裁
秒针营销科学院院长

“品牌建设的重点是与消费者形成全方位的连接关系。

整个营销行业过去数年一直在探索同一件事：互联网媒体应该在商业中扮演什么样的角色。

早期互联网媒体是“媒体属性”的，商业价值更多来自流量。但快手所构建的“数字市井家园”，则已超越单纯的流量意义和渠道意义，成为一种新的生活方式和生活场景。人与人、人与品牌、人与商业的关系，可以依托丰富的内容、数据以及先进的技术产品，变得更加融合与亲近。

如同传统市井中的社区商铺，新市井不仅具有客流价值和交易价值，还是社区繁荣稳定的重要基点；新市井中的生意，也不仅仅是卖广告或卖货，还需要介入社区，借助达人、内容、直播甚至员工和老板亲自“上阵吆喝”，与用户建立深度关系。

在微博时代，尽管也以个人为主，但帮品牌吆喝的“大V”往往是第三人称式的、表演性的，更像是品牌的代言人，是“坐在广播室”，而不是下场到市井为品牌背书。但在新市井中，首先，人的类型是多元的，既有“卖货的人”，也有

“吆喝的人”，他们可能是某个领域的“达人”，也可能只是一个线下店普通店员。其次，人与人、人与品牌的沟通更偏向第二人称，是“我和你的关系”，对话、沟通是及时的、面对面的。多元的人提供了更丰富、多层次的品牌触达场景，更平等的沟通则建立起全新的人与品牌连接的方式和体验。

许多原本高客单价、高复杂度的产品，可以在新市井中得到更好的展示。过去它们需要依靠专业的销售人员和复杂的讲解获取消费者的信任，现在可以有更多的沟通手段、服务方式触达消费者，也能够更快地形成信任关系。

品牌的形成路径将会被重新定义。

过去，品牌是从上到下广而告之的产物，需要中心化地对消费者长期传播，形成记忆点，是认知驱动；现在，品牌是真实、信任和情绪价值的综合产物，消费者对产品和场景的需求不仅五花八门，还会主动找品牌，主动提需求，或者随时随地被激发需求。品牌赖以生存的数字资产，也不再只是契约式的会员、粉丝或私域，也包括用户看到品牌相关的任何信息（例如广告、内容和直播）后做出的反馈，由此沉淀的数据可以反哺后续的营销和经营，现在品牌的形成是数字渠道。

品牌建设的重点是与消费者形成全方位的连接关系。所有的品牌都必须要做三件事：第一是持续吆喝，保持更高声量；第二是借助KOL（关键意见领袖）、KOC（关键意见消费者）为不同圈层生产更多差异化内容；第三是全时全域地提供更好体验，让消费者做出决策的每一个瞬间都能被触达。

任何品牌都可以也都应该尝试在新市井中寻找机会，并且越早越好。

新市井商业在数据、运营等方面已经提供了比较充分的工具，扩展了互联网商业的外延边界。一个品牌从内容“种草”，到效果广告投放，再到销量达成，进而形成品牌资产，都可以在快手这样的数字市井中闭环实现。此外，依靠信任体系、高频互动和多元内容，也能让生意得以融入生活本身，变得更加人格化和烟火气。

C03

快手马宏彬：
元宇宙 vs. Meta-Marketplace，不只想象

- 马宏彬
- Ma Hongbin

快手高级副总裁
商业化业务负责人

> “
> **新市井商业的另一种理解是“平台的平台”。**

很多人谈起元宇宙的时候第一反应是虚拟现实，但元宇宙的核心应该是把人们的社交连接关系从线下带到线上。

“新市井商业”的英文翻译是“Meta-Marketplace Business”，一个线上的数字世界、数字社会。

新市井商业里几乎什么元素都有，人们可以在这里做很多事，包括探索更多商业上的新可能。他们可以在这里卖各种各样的东西，既有食物、衣服这样的日常用品，也有房子、汽车甚至是知识这些在传统电商平台很少被贩售的商品。

新市井商业里商家和消费者的关系也很有特点，他们希望通过直播和粉丝建立起一种情感联结，这让快手上的购物行为和人们曾经在线下市井的购物记忆重叠了。

“去中心化”是新市井的关键元素，它给人们足够的动力去建立自己的事业，因为在这里每个人都有机会。在快手App中，两种公域形态和两种私域形态并存，前者兼顾商家效率和用户自主，后者兼顾私域经营和市井烟火。

在快手App中，精选页就像繁华的商街，精美高效；双列推荐页是人潮熙熙攘攘、货物琳琅满目的市集，人们可以自由地逛和选；关注页则像家门口充满社区感和亲切感的社区店，因熟悉而经

常光顾；主页则是一个个店铺，是经营的阵地。四个页面分别代表两种公域和两种私域形态，前者兼顾效率和黏性，后者兼顾私域和长效。

由此构成的新市井商业生态，呈现出包容、近、活力、信任、供给充足、交易高频的特征，并有着“公域有广度，私域有黏性，商域有闭环”的独特优势。无论是社区原生的快品牌和达人品牌、追求焕新的国际品牌和国货品牌，还是尝试新渠道的奢侈品甚至是那些没有品牌的原材料供应商，都能够在这里找到自己的生意新增量。

新市井商业的另一种理解是“平台的平台”。快手上有非常多的垂直行业，比如医疗、NBA、教育、电商、本地服务等等，这些垂直行业都可以被视为一个个生长在快手上的独立平台。以快手电商为例，快手现在已经是中国第四大的电子商务平台。快手希望帮助越来越多的行业进入快手平台，帮助他们搭建更多自己的“平台”。

做“平台的平台”不仅意味着无限的商业潜力，还意味着巨大的责任，需要建立规则、完善商业基建以及合理的税收制度等等。

快手的首要任务和最核心目标是建立一个生态系统，最终目的是帮助这些平台在新市井中建立起属于自己的正反馈循环。

具体而言，创作者可以通过优质内容收获用户喜爱和关注，用户愿意为内容付费或购买商品。在平台商业化服务的支持下，创作者可以赚到更多的钱，进而激励他们创作更多优质内容，收获用户喜爱。

一些因特殊性在线下濒临消失的行业，可以在这种线上的正反馈循环中重新焕发生机。比如，原来的非物质文化遗产大多数在山区或是普通人接触不到的地方，依靠政府补贴，很难实现商业变现。在快手平台扶持下，越来越多的非遗手艺人在快手制作、发布视频，逐渐找到和聚集了一批喜欢非遗的用户。用户比率越来越高，爱好者们也开始购买创作者制作的东西，实现了市场经济的利益交换。

正反馈循环是这个系统持续运作下去的关键。只有获得正反馈循环，才会有更多创作者主动来这里，生产更多内容。在AI系统的助力下，用户就会有更多精准的信息源，有更好的体验，整个市场也会处在反馈正循环中。

未来3-5年内，新市井商业的模式会变得非常成熟，会更加像一个“平台的平台”。我们在线下看到的一切，未来都会转移到线上。最终，几乎所有事情都可以在线上、在新市井中实现。

©图片来源于快手官方

架构新市井：

内容的软连接，数据的硬底层

BUILD THE META-MARKETPLACE:
SOFT CONNECTION OF CONTENT,
HARD CORE OF DATA BASE

▌文 / 张娆

在快手2021磁力大会上，快手高级副总裁、商业化业务负责人马宏彬提到快手磁力引擎“新市井商业”四大价值：扩圈价值、连接价值、经营价值和洞察价值。而抽丝剥茧来看，“内容”与“数据”是这些价值的底层逻辑，也是承载快手个体的多元性与关系的多样性的独特禀赋。

旧时的市井交易场所常有戏法、高跷和歌舞表演者出没，原为吸引客流；新市井商业的逻辑与此相同——“内容”是一切人、场景、交易的源头和基础，它像一块磁铁，使隐匿的“人”浮现，形成足印般的“数据”。可以说，内容是商业化的载体，数据是商业化的产出，它们各自扮演了链路中“因”和“果”的角色。

以内容和数据为经纬，“LAUNCH首发”访谈了快手商业化部门多位高管和平台达人，力图以实践中的真实思考，向读者还原快手新市井商业的底层架构。

01

内容是新市井中的社交货币，数据洞察社交密码

- 高亚梅
- Gao Yamei

快手磁力引擎品牌营销负责人

内容是快手磁力引擎帮助品牌与用户连接的重要载体，也是商业化的重要资源。快手磁力引擎品牌营销负责人高亚梅认为：在快手新市井中，内容作为一种社交货币而存在，其特点是人与内容的深刻连接和强烈社交属性。

高亚梅介绍，市井是一个生活和生意融合的地方，古来就有“处商必就市井”的说法。跟逛商场单纯的买和卖不一样，市井中的生意天然有各种人情勾连，有非常强的社交连接。就像家附近的商铺，你对老板的货物是否新鲜，什么时候上新，老板这个人实不实在心里都有一杆秤。同样老板也会记得你的喜好，总会多给一把葱，多给切一段儿肉。快手新市井的一个核心特征就是把“熟人和半熟人”的社交关系线上化。有了这种社交连接，才能带来商业生长的活力。这就是我们把快手新市井称为Meta-Marketplace的原因。

所以在新市井中，内容就是这个生态里的社交货币，承载着强烈的社交属性。快手的红人和内容是融合在一起的，人即内容，内容即人。在线下市井大家通过日常交往、人情走动、邻里间的口碑等，来建立关系的远近和信任。在由“短视频和直播”构建的新市井里，内容就起到这个作用——用户之间通过交换内容相互认识、建立连接、巩固信任。“短视频+直播”的形式则更进一步强化了这种社交属性。

短视频成为一个样板间，向来者展示着你家的个性和最好的一面，直播则是请客进门，握手拥抱成为“老铁”。这样的“人+内容”的互动让社交关系更加紧密持久。

如快手短剧这个垂类就在快手有很大优势。为什么快手短剧这么“上头”？就因为短剧的剧情和主创，主创既是剧中人又是用户日常关注的创作者，他们发短视频的同时也直播。用户不但能沉浸看剧，还能

跟主创唠嗑、“嗑CP”。所以短剧这种看似纯消费的内容也带有强烈的社交感。直播电商也是内容的一部分。好的短视频内容能够为直播间引流，而直播间里的强剧情互动则能够将账号的内容粉转化为电商粉，从而达成品效合一的直接转化效果。

高亚梅强调：“因为在线上，这种社交属性得以被数据解构，解密被内容连接的‘人和人’之间的远近和信任。他们通过短视频和直播每天产生大量互动，2021年快手有超163亿对互关，赞评比达到14：1。每一个动作，每一串互动，都在表达着他们的喜好和习惯，映射他们的心理变化和生活需求变化。”

对于参与的品牌方而言，快手新市井中的内容可提炼为三大优势：其一，充足的内容供给；其二，大量“新市井居民”喜闻乐见的自制内容提升了内容连接效率；其三，快手红人价值的进一步释放，红人即内容，内容即红人。我们可以据此框架，理解内容在新市井商业中的软连接价值。

其一是内容供给的丰富度。

快手新市井内容有40+个大垂类，日发布作品数达到3000万，25%的用户同时也是创作者。快手磁力引擎内容商业化负责人毛海峰表示，从整体内容生态来看，快手内容的核心关键词是“真实”和“生活”。分层而言，偏宏观的以新闻报道等家国大事为主题的新闻媒体号，受众面最为广泛，且在同类型平台中流量最高；在微观日常生活层面，娱乐、体育、美食、旅游、小剧场等与“老铁”吃喝玩乐相关的垂类，都是快手上的优势内容。

在充足内容供给基础之上的强势内容，则以体育内容和短剧或小剧场为先，此二者分别代表了快手内容的两种不同生产机制：前者是以顶层平台版权采买为内容源头的自上而下的传导，后者则是以底层用户自发创作为内容源头的自下而上的渗透。在上下一体的共同推动下，体育和短剧实际上成了最有快手新市井特色，最具有商业化潜力，同时也是最有内容营销空间的品类代表。

其二是快手新市井的自制内容提升连接效率。

2021年春节假期期间，快手自制IP“超级播”发起26场直播，内容覆盖怀旧演唱会、二次元联欢、年货节直播、东北群星过大年等丰富的直播内容，总冠名商金领冠曝光数达405亿，品牌账号的粉丝涨了37倍。

快手新市井是CBA、NBA、奥运会等体育赛事的官方合作伙伴，与各方共建了大量精品内容。如前所述，体育是快手的优势垂类。毛海峰认为，在流量红利趋于消失的情况下，品牌力将愈发成为硬实力的体现，而体育赛事的内容营销，通过建立沉浸和互动式的内容消费体验自然地传递品牌价值和产品信息，成为传递品牌价值的优选。

快手也生产了诸多优质自制综艺。例如脱口秀节目《超Nice大会》、美食社交综艺《岳努力越幸运》以及全网首档明星劝睡综艺《11点睡吧》，通过集中平台优势资源，确立了快手新市井内容自制能力的行业心智，提升了内容连接的效率。

毛海峰介绍，2022年快手将持续优化内容，挖掘内容营销的更多价值：第一，继续打造出圈爆款项目，强化快手内容营销的价值和地位；第二，提炼快手特色优势内容品类，为品牌客户提供新的连接形式；第三，落地“新市井商业”理念，打造典型新市井内容特色IP；第四，在新市井商业背景下进一步挖掘达人，尤其是中腰部达人的商业价值。

- 毛海峰
- Mao Haifeng

快手磁力引擎内容商业化负责人

其三是人与内容相融合下独特的红人价值。

市井中往往存在独特的文化和语言，快手新市井的主流价值正是“真实”，繁杂的营销包装和经过层层修饰美化的生活，在这里恐怕水土不服，用户希望得到的是纯粹的原生态连接。因此，内容的“原生”非常重要，这意味着更好看和更易接受。而从广告向原生内容的转变中，达人是关键一环。一个共识是：快手和其他短视频平台的最大不同在于，内容必须有真人出镜才会得到“老铁们”的喜爱。广告的呈现方式，应当是由达人制作和品牌相结合的内容，这样才能把品牌理念更好地传递给用户。

对于品牌而言，达人起到的正是“翻译器”的作用，他们帮助品牌用“老铁们”理解的语言和方式去讲述自己。而且，即使是同一个品牌的故事，快手的红人也有着不同的演绎方式，能够覆盖各个用户群体。

以DR钻戒为例，高客单价的特性使其在营销上比起直接转化而更重品牌心智的渗透。作为在快手上投放量大、覆盖面广的品牌之一，DR2021年在快手上覆盖了上千位达人，内容营销呈现出达人取向和故事场景的多元化。

例如头部二次元垂类红人@开心锤锤，因搞笑剧情和动漫画风而颇受欢迎，拥有超过4013万粉丝。在关于DR钻戒的创作中，主角“锤锤”向“泥妹”求婚，由此引爆一系列幽默包袱，用户在欢乐的观赏中自然接受了品牌心智。

@逆袭丁姐是一位短剧领域红人，拥有1468万粉丝。在短视频中，丁姐化身善解人意的婆婆，劝说儿子为从未收到过钻戒的儿媳补上心意。聚焦家庭关系的内容方向，使用户在产生共鸣和共情之余，感受到

DR想要传递的品牌价值。

此外，新市井的“职人”属性为品牌营销提供了圈层传播的机会。这些职人在快手上既是内容消费者也是内容生产者，职业群体间的互动频次很高。以卡车司机群体为例，@四丫头.重卡女司机是一位拥有406万粉丝的中腰部垂类达人，她在短视频中推广了一款名叫“车旺大卡”的货运圈垂直社交App，在车友圈内引起广泛传播，实现了精准的转化效果。

相较同类内容平台，快手在流量分配上强调去中心化，达人头部化态势相对较弱，因而其中腰部达人的营销潜力更加强劲且精准。目前，低粉段达人的接单量和渗透率都有显著提升。未来，快手将采取内容IP与达人捆绑的形式（例如2022年快手将推出的养成类综艺《主播新人王》）探索出圈机会，让品牌进一步了解新市井商业中原生达人的价值。

此外，快手新市井也与外部机构，如古麦嘉禾、大禹、微播易等不同角色的生态伙伴建立了合作关系，并在不久前完成了与群邑集团达尔文系统的打通，为内容营销开放更多可能。

©图片来源于快手官方

快手短剧

2021年全年商业化成功合作
23部精品短剧

王老吉 X《牛十三》

可比克 X《只是没确定关系而已》

唯品会 X《你的眼睛我的世界》

唯品会 X《CP大作战》

美年达 X《我要上热搜》

1亿+

2.8亿+

3.6亿+

2.1亿+

1.03亿

*总播放数据来源：2021年10月快手金剧奖对外公布

快手短剧用户及短剧重度用户同比增长趋势

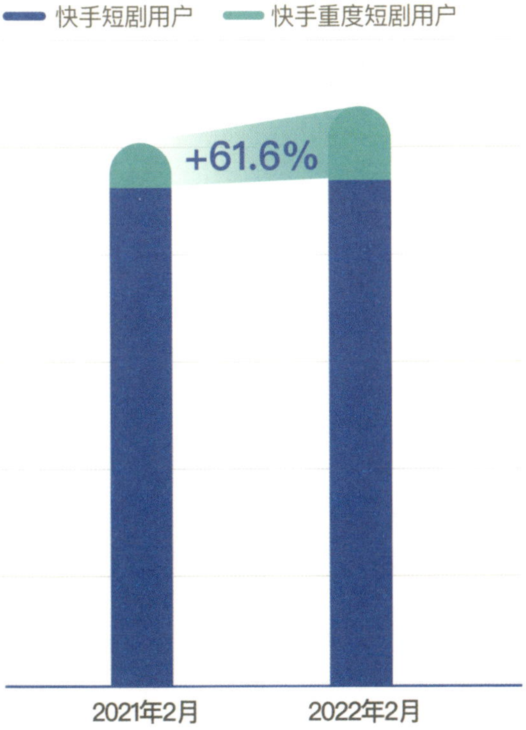

2021年全年

全网看过快手短剧的用户

超10亿

2022年2月

日均观看10集以上的重度短剧用户

6160万+

重度短剧用户同比增速

61.6%

*重度短剧用户：指在快手上平均每天观看10集以上短剧的用户

截至2021年12月31日

快手星芒短剧数量

240+部

其中播放量破亿数量

100+部

*以上气泡图大小反映了该题材短剧数量。
每一部快手短剧并不对应唯一题材标签，
而可能是多种标签的组合，
而每一类题材的短剧都聚拢了一群特征鲜明的忠实观众。

02

数据洞察：
深入“人”的全域度量与链路深化

- 杜铮
- Du Zheng

快手磁力引擎产品负责人

数据是支撑磁力引擎新市井商业的硬底层，也是商业化的产出结果。快手磁力引擎在鼓励广告主入驻快手时，面对不同类型的广告主提供了不同的数据洞察价值。

杜铮在访谈中表示：对于与快手平台共生共长的达人商家和品牌商家而言，快手是品牌经营的阵地，磁力引擎为其提供了横向上全方位的内容互动数据洞察，从而将私域以数字资产和用户资产的双重形式沉淀下来，品牌在这个过程中得以更好地理解自己、理解用户，驱动长效经营；而对于在平台内进行流量采买后跳转到外部转化的客户，磁力引擎则正在纵向上寻求转化链路上更深的价值锚点，从而为广告主提供更加确切的效果。

在第一种经营场景中，客户面临的核心命题是如何理解品牌私域，以及如何更精准地度量品牌私域的价值。新市井的底色是人与人之间真实与多样的连接，故而对快手上私域的商业价值无须再赘言，但如何继续挖掘这部分价值并将其更直观地展现，则是数据洞察能力的体现。

对于私域可以有两种理解：狭义的私域是用户资产，体现为粉丝量；广义的私域则是一种数字资产，体现为品牌在平台内的影响力。苏格拉底有言："认识你自己。"品牌对于私域的经营，关键环节正是通过横向全方位的内容互动数据洞察，首先认识和理解自身以及自身在用户心中的心智地位，再据此建立营销策略及反馈迭代的循环。

快手的CDP（Customer Data Platform，客户数据平台）产品"磁力方舟"承担了数据沉淀与洞察的任务，并依据磁力方舟6R[1]人群资产模型，为品牌提供用户结构的全方位诊断。其优势在于，用户样本量足够大且用户使用时长足够长，以及用户在快手的内容消费数量多、互动深，根据上下滑动和转评赞等行为，加上对内容本身的标签化理解，就可以了解用户对每个内容的态度是什么。品牌即使在平台内尚未有任何营销举措，仍然可以有一种"状态"存在，而磁力方舟则度量了这种存在。基于精准度量，依据品牌意向，磁力方舟可以为品牌定向分析一整套策略，并依据PDCA环，即计划(Plan)、实施(Do)、检查(Check)、行动(Action)，进行循环迭代。

仍以DR钻戒为例，从起初以高端IP短剧为主，开始覆盖快递员、美食等垂类主播，后来为了促进到店转化，主推群体转变为专柜柜员。在用户渗透、内容发布、达人选择上，磁力引擎均有完整的数据监测，并促进品牌广告主对快手新市井完成认知进化。

另一个典型案例是品牌"山楂树下"的CNY（中国新年）营销。在春节期间，通过内容互动营销，山楂树下官方账号（@冠芳官方旗舰店）沉淀了超过1500万的粉丝。在单纯的数量增长之外，更大的价值在于，这些粉丝在后续一年中的忠诚度带来的用户销量持续转化。因此在完成这个案例后，平台商业化团队正在提炼后续的粉丝运营以及上下游的连接策略，并建设内容营销到品牌忠诚度再到未来销量转化的漏斗模型，呈现兼顾品牌和效果的长效价值。

快手也与外部机构开展了数据合作。目前，磁力引擎已经与克劳锐和飞瓜等数据平台完成了集成和打通，定期发布行业研报。

在第二种买量场景中，强效果类客户投放的广告所承接的后续行为往往发生在快手平台外部，平台很难获得完整链路的数据，不利于后续为客户提供更好的优化和提升。磁力引擎对此提出的方案是：寻找广告效果可确定性和平台算法可优化性之间的平衡，将其作为价值锚点，并在纵向上不断深化该锚点在链路中的位置。

例如，在传统的搜索引擎广告中，CPC（每点击成本）就是媒体对于广告主的价值锚点，随着新型媒体形式的出现和算法的持续进步，锚点已经在转化链路上纵深发展，从下载量到单日ROI，再到7日ROI（投资回报率），快手新市井试图为广告主提供更加确定性的数据反馈。

以效果类客户中互联网服务企业客户为例，这类客户本身就具有丰富的应用场景，可以面向用户提供综合性平台服务。2021年12月，快手与美团在本地生活领域达成的互联互通战略合作即为典型，用户从跳转外部平台转为直接借助内部小程序完成交易，形成闭环。其核心在于拉长价值锚前段在平台上的部分，从而降低算法的压力，生产出更丰富的数据以反哺算法使之更加精确，同时也使内容更加原生，避免过度商业化对用户体验的打扰。这也意味着，快手新市井是更加包容的生态，将与各行业共同在快手上搭建经营阵地。

总结而言，快手商业化布局已经走出基建期，正在迅速专业化和结构化。以内容和数据分别作为软连接和硬底层，新市井商业正更深刻地挖掘品牌与用户间的连接，并持续承载和输出面向品牌的新价值。

1 "6R用户资产模型"包括触达（Reach）、记得（Remembering）、兴趣（Relevancy）、询问（Resonance）、购买（Reaction）、复购（Repurchasing）。

新市井漫谈：

数字烟火，百业新生

PONDERING ABOUT THE META-MARKETPLACE:

DIGITAL HUSTLE AND BUSTLE, BUSINESS IS ALIVE AND ACTIVE

▍文 / 杨奕琪

创作者

在新市井商业的理论与模式探讨、实践和打法梳理之后，作为值得关注的“品牌营销新增量”，各行业、各类型企业怎么看其背后的营销新趋势，如何更好扎根与拥抱新市井，定义独有的品牌温度与用户关系？

本文特别对话快手磁力引擎“新市井商业”中的几位“尝鲜者”——海尔智家、智联招聘与蓝色光标，听这些不同行业、类型的企业谈谈当下的思考与探索。

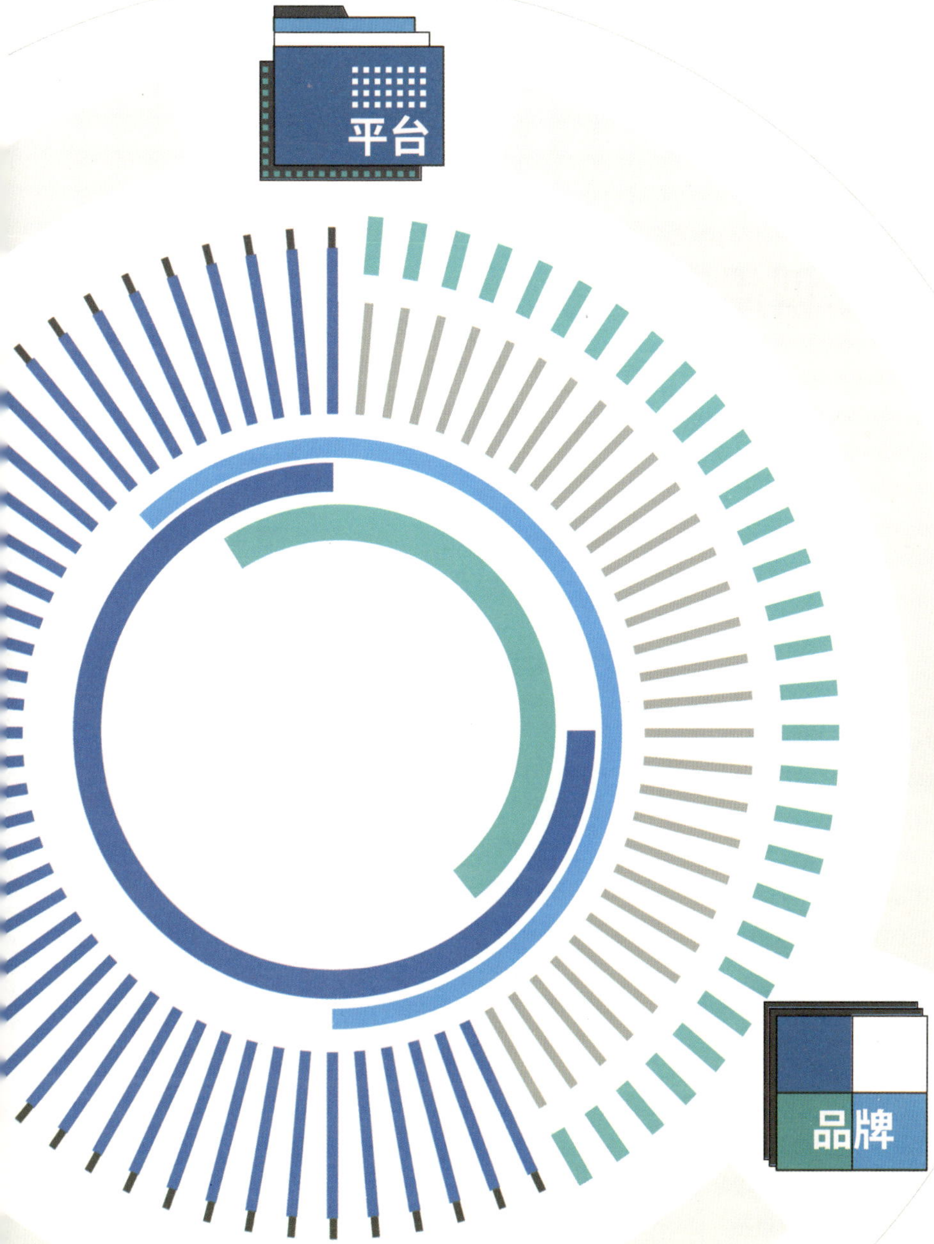
平台
品牌

01

海尔龙才华：在快手构建新型用户关系

- 龙才华
- **Long Caihua**

海尔智家中国区品牌中心总经理

在快手磁力引擎构建的新市井商业中，品牌如何满足用户的情感需求？

商品供给充足时代，消费者不再满足于功能性需求，更注重情感性需求，消费因此从商品时代进入场景时代。海尔因此开始重视情绪场景的构建，在产品和传播侧分别提出应对措施。

产品侧，海尔总结了“智趣新潮”的情绪消费趋势，即智慧的、有趣的、新鲜的、潮流的生活方式，并推出“三级品牌体系”，不仅满足家务劳动诉求，还能满足心情愉悦、家庭融洽的诉求。一是高端品牌，坚守用户价值，像海尔、卡萨帝、Leader以及海外品牌GEA、FPA、Candy，以领先的科技实力为用户带来美好的家庭体验；二是场景品牌，以用户体验为中心的三翼鸟品牌，通过跨界融合创新，构建全新生态，为用户升级智慧家庭体验；三是生态品牌，像“食联网、衣联网”等，为用户提供覆盖衣、食、住、娱的生活解决方案，让海尔和用户永远联结在一起。

传播侧，龙才华认为快手的媒体生态与私域土壤缩减了用户触达路径、实现闭环，为品牌的情感沟通与效果沟通提供了得天独厚的传播环境。

“快手作为普惠的内容社区，就是满足消费者情感需求的好平台。”可以这样理解海尔与快手的相似之处：海尔与快手都以用户为中心，只不过连接用户的纽带分别是产品和内容。两者对接起来就形成新型用户关系——品牌以快手的内容为售前纽带，通过短视频、直播完成商品交易后，以服务为售后纽带，给消费者带来全生命周期的用户价值。以多品牌、多产品为基础，海尔想通过快手的数字化基建与用户建立多样的关系，让用户成为内容的爱好者、直播的粉丝、商品用户或是潜在会员。

为什么内容会成为快手磁力引擎“新市井商业”中，品牌与用户建立关系和营销链路的桥梁？

龙才华认为快手对于用户关系和内容衔接有深刻的洞察，“‘老铁’更喜欢什么内容，这不仅体现快手平台的内容趋势走向，更表现了广大年轻人的文化偏好”。这对海尔非常重要，因为年轻化是海尔内容营销的重要策略，而做好年轻化的要点是尊重年轻消费者的价值观，洞察他们的生活方式和痛点。海尔希望从5.7亿+“老铁”中找到引起当代年轻人共鸣的话题，共创让消费者喜欢的好内容。做好内容就是提效的最佳方式。

2021年“6 · 18”前夕，海尔联动快手打造了“海尔531王牌之夜”直播项目。在这一项目中，海尔现场复刻经典游戏，打造“智趣新潮”四大空间，充分呈现出海尔智家产品智、趣、新、潮的四大特点：“智”，盲盒充满“黑科技”，彰显出智慧标签；“趣”，盲盒致力于为用户打造个性多彩的智慧家庭生活；“新”，盲盒以全新产品突破想象，以创新理念重新定义生活之美；“潮”，盲盒则将色彩美学和潮流时尚完美融合，引领时髦现代的生活方式。这场活动形式新颖、内容有趣，深受快手用户喜爱，当晚也在快手实现引爆。

未来，海尔会尝试更多特色内容营销方式，例如新市井商业下孵化的IP、快手短剧、品牌挑战赛等。在直播方面，海尔策划开展传递企业文化和生活方式的IP类直播，不是单纯的卖货，而是引导消费者理解品牌的产品和场景，也希望以“智趣新潮”为主线，邀请快手的主播进行定制直播。

在与用户沟通时，海尔不仅希望用户成为品牌爱好者，更希望用户成为分享者。海尔会筛选用户生产的内容进行推广，传递到更多生活方式和兴趣相似的人群中。龙才华认为这个时代最重要的是KOC真实的内容分享，因为真实内容更具有打动性。而快手真正塑造了用户和内容之间的普惠关系，这为品牌提供了更真实的生活洞察，也强化了信任属性，更容易促成品牌交易。

海尔618王牌之夜©图片来源于快手官方

进一步探索品牌私域资产的沉淀和长效运营，建设品牌、用户和平台的牢固关系，成为海尔发力的重要方向。

私域已经成为品牌与用户实际沟通的核心阵地。2021年5月，海尔正式运营快手品牌账号及快手小店，目前已经沉淀了数十万私域用户。区别于产品时代“一款产品卖给所有人”的标准化方案，场景时代提供的是柔性化方案，即根据消费者的个性化诉求，按需定制，因为用户兴趣在当下是碎片化的，每个人的标签是立体和丰富的。海尔对未来的个性化服务有着很高的期待，希望通过持续的私域沉淀和用户洞察，为快手用户定制内容和商品，实现可持续的增长。

龙才华对未来一年的经营有三个期待：一是在新市井中构建全链路用户运营的闭环，实现最佳的闭环效果和用户体验；二是让快手成为用户传递信息与建议的重要渠道，将“老铁”的智慧吸纳到商品和服务的迭代中；三是期待新市井在商业效率层面的持续提升。

他希望海尔在快手建立了新的用户关系后，消费者全生命周期都可以沉淀在快手平台。快手提供内容，海尔提供产品服务，用户提供反馈，“三者互为依托、互为给养，共创一种新型的更为牢固的关系”。

02

智联招聘李强：
“真实”背后的光亮与远方

- 李强
- Li Qiang

智联招聘集团执行副总裁

品牌营销的终点是“效果”，关键是与用户持续共鸣、互相成就。

营销其实可以理解为“只有效果，没有品牌”。做“品牌”最终都是为“效果”服务，只是“效果”不仅表现为用户购买，还在于用户对品牌价值的认同所带来的长期收益。

对于智联招聘而言，品牌营销为效果服务的关键是最终是否落到真实场景。“金三银四”是招聘行业最大场景，招聘平台在这个时间点选择大量曝光，并不只是为了满足当下转化，更希望表达品牌的价值观，和用户在价值观层面契合。

所以营销的长期主义在于——始终思考自身品牌和产品能为用户带来的长期价值是什么。品牌增长不是营销的终点，终点是与用户持续共鸣、互相成就。只有在这样的价值观下，才能说品牌营销只为一个“效果”指标服务，也就是用户价值的创造。

在这种用户价值认知下，智联招聘作为一家招聘服务类平台，也有一些基于自身特征的品牌营销思考与探索。第一个方向是年轻化，从年轻人喜欢和关心的事入手，长期以“奇妙夜”系列内容与年轻人对话，最新与快手合作的《超Nice大会》也是在年轻化上的持续投入，而面对年轻人对职场生活的好奇，“大厂UP主探访”项目也应运而生。

第二个方向是人格化，旨在帮助特定人群解决真实场景中的具体问题，比如长期对女性用户职场痛点的关注，以及对应届毕业生、35岁以上职场人群等的大量研究。

第三个方向是专业化，以二十余年全面的数据积淀反哺用户，年度发布“中国就业市场景气指数”和“中国年度最佳雇主TOP100”等专业指数和榜单，帮助用户判断就业市场的竞争形势，以及如何发现好工作、找到好公司。

智联招聘在以上三个方向的长期主义坚持，为品牌带来了显性回报，截至目前已有超过700万企业放心将企业的用人招聘交给智联。智联招聘在与快手磁力引擎的合作中，也一直践行营销的长期主义，这为品牌带来越来越高的价值回报：在快手磁力引擎经营越久，费效比反而越低。

用“真实”激活品牌与用户共鸣的底层价值，实现更多营销可能。

在对用户工作方式和组织形态的持续洞察下，智联招聘在2015年提出“新雇主经济”这一概念，因为发现雇佣关系的天平首度向个体倾斜，个体在知识经济时代具备越来越强大的力量，甚至驱动组织焕发新生。与之相应，品牌营销上也一改千人一面的大型KOL代言传统，开始更加亲近个体，向千人千面的“小群体”沟通深入。

生活化、不浮夸、具备真实气质的成长性KOL更加受到品牌关注，他们是在各个圈层和领域有独到见解的一群人，不仅对品牌理解程度深，还会反哺品牌，传递产品、营销的改进建议。这些与品牌共成长同呼吸的人，带来真实的反馈和身边的口碑，营销效果也往往表现更好。

这种“真实”也是智联招聘选择与快手合作的重要原因。快手是一个强调真实的平台，所有内容都非常场景化、生活化。智联招聘早在疫情初期就尝试在快手上探索品效合一，当时觉得整体ROI不错，进而2021年与快手合作《超Nice大会》，将营销效应发挥到更大。

而与快手磁力引擎持续深度合作，这与智联招聘自身战略密切相关。首先，快手强调深入原汁原味的生活，智联招聘希望帮助用户发现“真实靠谱的工作”，把企业的滤镜去掉。两个平台的底层价值观是一样的，于是自然支撑更多化学反应产生。其次，快手与智联招聘的用户群体也相对吻合，都是年轻群体比较多，且覆盖社会各个地域、圈层。最后则是智联招聘与快手上的达人特征高度关联，“高大上”或者“接地气”的各种职业属性都具备，为各类型企业的工作机会发布提供丰富土壤。

商业返璞归真，品牌回归初心。

快手磁力引擎提出的“新市井商业”就是一块品牌成长的土壤，各类品牌都能在此实现品牌与人、品牌与内容、品牌与生意的连接。新市井商业之所以让人感同身受，是源于在眼花缭乱的营销中凸显出一种商业返璞归真的意味。这种返璞归真就是回归品牌初心，去连接真实的消费者，让他们看见企业提供的价值，帮他们解决真实的问题。品牌在新市井不只是被某类人发现，还能被更多人发现。

品牌不止于被发现，更在于品效合一的实现。前面说品牌要为效果服务，但如果一定讲“品效合一”，快手就是一个代表性平台。智联招聘团队与快手合作的考核指标就是短期目标考核快手带来的量，目前看指标完成都不错，而长期目标，则是通过快手形成认知——智联是一家有温度的关注用户内心诉求的靠谱招聘平台。

短期看量，长期看质。“质”就是快手用户的黏性，对智联招聘的认知提升，是否觉得这个品牌是靠谱有温度的。

除了《超Nice大会》这样的综艺合作外，智联招聘目前还在快手策划各类“挑战赛”，让更广泛的人群参与品牌互动，这也是短视频平台相较长视频平台的优势所在，更容易提升品牌温度感与好感度。之后则是与快手磁力引擎碰撞产品打通的思路，在其之上更深一步探索直播招聘新玩法，为智联背后“700多万家企业”带来更多可能。

任何对此尚不了解的品牌，都应该去关注快手磁力引擎“新市井商业”背后的价值：第一，快手平台的用户量和用户黏性，这代表用户喜欢和使用的真实选择。第二，从经验来讲这个平台最大特征就是真实，一定要去除滤镜，展现真实的内容，不能对一个简单的功能点层层价值包装。不论品牌属性如何和处于哪个发展阶段，建议都能够看到这个机会并开始尝试。

03

蓝色光标潘飞：在“烟火气”中定义品牌鲜明印记

- 潘飞
- Pan Fei

蓝色光标传播集团首席执行官

新事物破圈离不开“内容”。

以短视频直播为代表的内容电商兴起，让消费者的兴趣点、关注点紧密结合，“品效销”合一的概念应运而生，成为营销行业的主流。而随着内容电商的流量红利逐渐消退、市场趋于平缓，品牌在有限的预算内会修正对“品效销”的权衡追求，对ROI的定义会趋于理性，即在追求效果和销售时把“不损害品牌调性”这一原则作为前提。

品牌对品效销的追求越来越精细化、差异化，不同行业、不同品牌、不同营销活动对三者的主次衡量标准是有区别的。譬如蓝色光标服务过的许多品牌，虽然追求品效销，但首要考虑的仍是品牌调性，其次才是效果和销量，甚至某种程度上“不能牺牲品牌来换效果”。

因此内容对于营销而言依然非常重要。虽然效果营销的模式越来越敏捷，但不能完全取代内容营销，尤其在短视频时代，新事物的破圈都离不开内容。

内容营销，要拥抱“烟火气”的强大生命力。

对追求内容营销的品牌来说，他们更关注平台的差异化，即能在平台上获得什么样的鲜明印记。快手磁力引擎提出的“新市井商业”，为品牌建立内容调性和品牌印记提供了新土壤。

快手最大的特点是务实、接地气，可以说“新市井商业”就是为快手而生的。在竞争白热化的时代，平台差异化是核心竞争力，坚持自身的特色才能打开市场空间。

而对于品牌方而言，接地气的社区一定是有强大生命力的，不应该盲目地追求“高大上”。快手磁力引擎“新市井商业”的提出有效打通了“高大上”和“接地气”的连接，为品牌的内容营销带来两个关键价值：第一，快手覆盖大量三、四、五线城市的用户，是品牌扩大市场的有效渠道。第二，新市井商业打造了“烟火气、信任感、有活力”的社区氛围，赋予品牌独特的内容调性，为品牌经营指引了方向，帮助他们有效触达新的人群。

这尤其适合食品、快消品、特色线下业态等强内容属性的行业。以星巴克等连锁门店代表为例，每一家门店都是繁华的市井，与快手的新市井商业结合起来，一定能碰撞出新的内容，吸引到新的人群。

新市井商业提供广阔的行业机遇。

在新市井生态的建设中，需要快手磁力引擎打造出极具特色的范例，提出针对性的行业方案。譬如连接胡同街巷的小店，将真正的市井烟火气搬到线上，深度赋能后给予它们全新的经济活力。相信未来在新市井商业中可以产生更多有烟火气的物种。

纵观营销行业当下的典型趋势，同样也是新市井商业未来可以切入的机会点：第一，品牌越来越重视私域闭环。无论是在快手还是其他平台，品牌越来越注重把用户转化为会员，沉淀在CRM系统进行运营。私域经营本身就是快手的特色。

第二，精准的“种草”效应是趋势。就像小红书对美妆产品“种草”的作用、抖音对短视频破圈的作用，每个平台都会长出各自的优势品类，为品牌营销提供差异而精准的价值。新市井商业的鲜明定位就是快手磁力引擎之于品牌的价值。

第三，短视频营销的广告主变了。大健康、个护、零食饮料等品类的新消费品牌，正取代汽车、房地产、游戏等传统营销大户，成为短视频营销的代表。这些品类与快手磁力引擎“新市井商业”是贴近的，抓住这些新兴行业对快手的发展很有价值。先从一个品牌、一个行业开始破圈，让其他品牌意识到效果，再把行业逐渐充实和扩散。

总而言之，新市井商业为品牌提供了一个连接万物的新磁场。用内容构建品牌资产，用内容沟通用户，用内容实现品效销合一。品牌在快手磁力引擎“新市井商业”里，不仅可以实现一至五线的用户深度沟通与商业表达，而且能够建立自身清晰独特的品牌印记，让长效经营大有可为。

场景实验室 X 窄播

- 张一童
- Zhang Yitong

商业研究与传播机构窄播主笔。
关注城市、社区，那里有真实和具体的人。

架构新市井：
内容的软连接，数据的硬底层

BUILD THE META-MARKETPLACE:
SOFT CONNECTION OF CONTENT, HARD CORE OF DATA BASE

文 / 张娆

- 杨奕琪
- Yang Yiqi

商业研究与传播机构窄播高级作者。
生活在上海的消费者和消费观察者，
对消费品牌以及与他们有关的一切都感兴趣。

- 邵乐乐
- Shao Lele

商业研究与传播机构窄播合伙人。
关注品牌、零售、社区背后的人、组织、商业逻辑。

数字市井释放商业想象

DIGITAL MARKETPLACE BREAKS THE RESTRICTION OF BUSINESS IMAGINATION

文 / 张一童

- 张娆
- Zhang Rao

商业研究与传播机构窄播高级作者。曾就职于普华永道中天会计师事务所。永远的新人作者，迄今为止关注电商、互联网平台以及各种各样自己感兴趣的东西，未来不一定。

新市井漫谈：数字烟火，百业新生

PONDERING ABOUT THE META-MARKETPLACE: DIGITAL HUSTLE AND BUSTLE, BUSINESS IS ALIVE AND ACTIVE

文 / 杨奕琪

城市与附近的关系重新被定义，品牌与用户的距离正在被重构，数字市井带来更真实、更多元、更高效的数字体验。当手机作为人的延伸已不再稀奇，当网红打卡、联名快闪成为品牌“标配”，数字体验深入每一个“附近”的缝隙，让今天的我们习以为常。从需要到依赖，从依赖到沉浸，人与人之间的情感联结也催生出新的可能性。无论是就地过年大潮下新颖热闹的线上团聚，还是文化、意义的多样性呈现赋予城市更多生命力，对数字市井的想象还有更多值得我们期待。

专题三将展开对未来市井生活的想象，寻找与每个人息息相关的生活意义，描绘城市如何在数字世界中解构真实。

专题三

数字日常与文化复兴

DIGITAL DAILY LIFE ALONG WITH CULTURAL RENAISSANCE

TOPIC THREE

数字过年：拾起丢失的温度

DIGITAL SPRING FESTIVAL: RELIVE THE LOST WARMTH OF THE TRADITION

▍文 / 吴淼

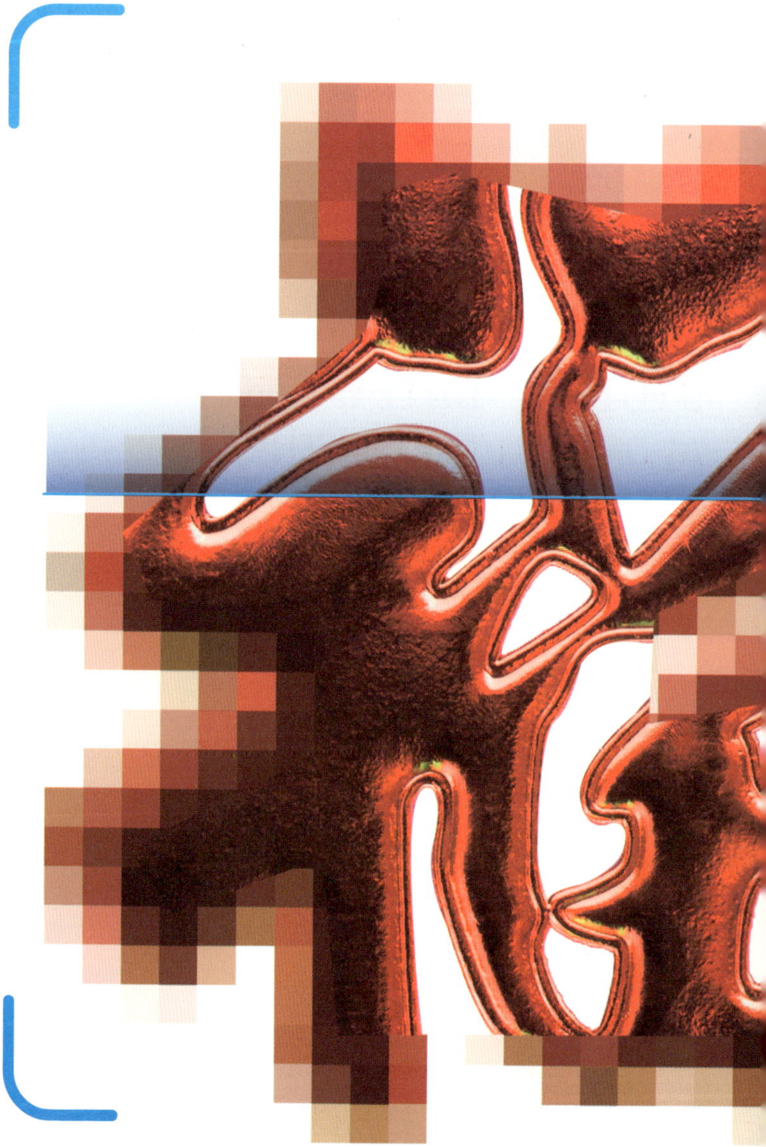

- 吴淼
- **Wu Miao**

场景实验室内容团队成员，新媒体编辑。关注品牌营销、青年文化、社会心理、影视文娱，小兴趣观察爱好者。

春节，一年之岁首，作为一年中最重要的节日，“过年”早已成为联结每一个中国人的情感纽带。自2020年初突如其来的疫情开始，人们从就地过年的不知所措，到如今以云拜年为首的数字过年成为新日常，线上与线下共生的“仪式感”愈演愈烈。两年来，在春节这个场景最丰富、集中、高频的试验场中，涌现出更具当下意义的理解与发现，主动拥抱、碰撞数字化的新价值赋予“年味”更多诠释。

线上年俗 更浓郁的人情温度

春节历来是互联网公司的创新试验场。微信红包封面、拜年表情雨、直播拜年、云许愿、AI贴春联……大小年俗集体上线，让“就地过年”没有成为春节团圆的屏障，反而让数字日常下的人情温度更加浓郁。

如果说早年的微信红包、支付宝集五福、春晚分奖金只是作为春节的“数字化游戏”点缀存在，如今各大平台可谓火力全开。集灯笼、年货节、数字人民币红包……正在用户主动拥抱数字日常的过程中，顺势成为当下的“新年俗”。

“迎新春”状态的备受欢迎是2022虎年春节的一大亮点。自微信8.0更新了状态功能后，不少用户便把设置状态当作日常生活的小乐趣。2022年春节，微信将微信红包、状态、视频号三者完全打通，用户收到朋友发送的“拜年红包”就能获得“迎新春”的可爱小老虎状态，开通视频号的用户可以定制红包封面赠送亲友。在微信发布的2022虎年春节数据报告中显示，春节期间（1月31日至2月5日）微信红包封面领取总数超3.8亿个，带有封面的微信红包收发总数超50亿。

数字日常下的送祝福方式持续升级加码，集五福的红包大小早已成为注脚，重要的是每个人都在通过数字化连接共同迎接新年的到来，传递真诚的祝福。谁都需要在这样的“黄金时段”展现出更具温度感、更加普惠的一面，在数字新年俗的浪潮中，成为常态化的仪式存在。

技术赋能
数字过年的融合体验

数字过年并不仅仅停留在线上年俗，虚拟赋能现实、元宇宙概念蔚然成风，技术升级不断打破时空壁垒，融合创新出远超想象的丰富内容形态，从而将体验带到更高高度。

2022年除夕当晚，超过1.2亿人在微信视频号“竖屏看春晚”，如果说电视春晚是过年的背景音，那么视频号春晚则是随时随地围观接入的放大镜，演员的表情反应在竖屏春晚中更为聚焦，体验更沉浸。此外，720度穹顶巨幕的春晚舞台融合XR（扩展现实）、AR、全息扫描和8K裸眼3D呈现等新技术，为观众带来更为真切震撼的视听体验，展示出科技与艺术的融合之美。

“游戏过年”新时空也在进一步扩张，节日限定的角色皮肤、春节独有的喜庆音乐、披上华彩的游戏空间，早已成为游戏玩家们固定的仪式。游戏过年，线上线下的相互联动，无疑是玩家们的惊喜所在。现实与虚拟无谓彼此，共同完成超级用户的情绪满足。微信游戏联合王者荣耀、英雄联盟、欢乐斗地主、原神等10大热门手游共同打造持续4天的“游戏圈春晚”，B站“2022游戏新春会”邀请1165位“UP主”为自己热爱的游戏创作节目，不断将虚拟IP的内容价值推向新高度。游戏新春不仅是IP联名的花样玩法，更是数字仪式感的增进与补足，给人以数字情感的真实寄托。

此外，NFT（非同质化代币）数字藏品也在虎年春节被更多人熟知，无论是与国潮IP的联名，抑或是品牌进化的又一次大胆尝试，技术赋能正在引导着今天的创作者在融合创新中拓宽内容表达的边界，让每一次情感触达成为更具仪式感的美好记忆。

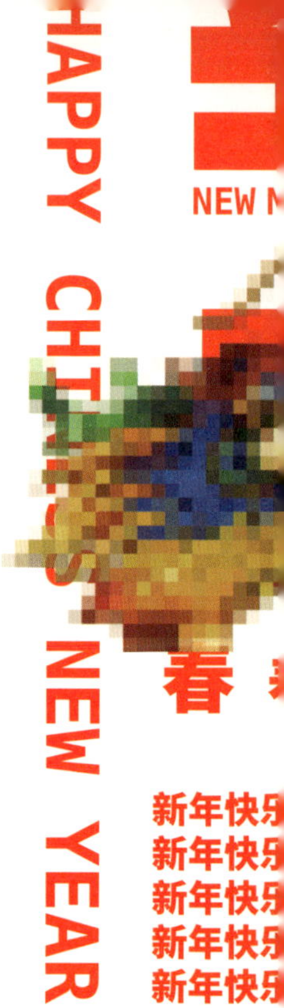

线上春晚©图片来源于官方

囧妈海报©图片来源于豆瓣

全场景贺岁档
内容消费的用户共创

长时间以来，贺岁档早已从最初院线定义的营销概念，成为独特的内容消费场景。2020年贺岁电影《囧妈》“不得已”的“院转网”，引发了一次全民性的居家观影热潮，也意味着贺岁档不再是院线专属，更多新场景呼之欲出。

2021年娱乐内容行业早早开始贺岁档的新场景布局，一边是一如既往的院线贺岁档，一边是各大平台纷纷上线贺岁网剧、贺岁微短剧、贺岁网大、平台春晚、贺岁直播，以及鼓励更广泛内容创作者共同参与的贺岁档内容共创。2022年除夕当日上午10点，电影《扬名立万》在B站独播上线，发弹幕即可获得全屏烟花特效，网友们在片尾一起对着烟花许愿，成为电影院无法实现的独属于数字原住民“欢聚一堂”的感动。

全场景贺岁档，不仅是内容消费的新场景开发，更是全场景的融合。从台网融合的常态化，到院线、电视台、流媒体、内容平台、直播间，共同构建起全时全域的内容消费体验。这不是简单意义上对用户注意力的饱和攻击，而是内容产业在理解需求场景之上的多元化供给和个性化满足。

除电影、直播等内容供给之外，“不打烊”供应链也在填充最后的“场景缝隙”。当数字生活方式的“不打烊”成为常态，春节对城市商业运营的“停滞”效应正逐步减弱。疫后两年来，就地过年人数激增，在这背后是城市基础设施的完善，零售、餐饮、物流保持前所未有的活跃与高位运行状态。外卖、半成品年夜饭、厨师上门和到店预订给年夜饭提供了更多选项。线上售卖的半成品年夜饭不仅有连锁品牌，老字号餐饮的年夜饭礼盒与火锅外卖也同样受到青睐。囤货囤菜的传统正在被即时需求所取代，春节不打烊成为对供应链能力的终极考验，随时响应、即刻满足。

新年俗、新社交方式不断涌现，不变的是对“体验式连接”和“数字化温度”的时代追求。数字生活深入日常，平衡数字时代的疏离与人际间的温度，当下的事实，是每个人都在更主动拥抱数字生活的多元选择，也在被更人性、有温度的算法理解与连接。

周榕：

硅基空间崛起，城市面临社会性重建

ZHOU RONG:

WITH THE RISE OF SILICON-BASED SPACE, CITIES ARE FACING SOCIAL RECONSTRUCTION

▌文 / 周榕

- 周榕
- Zhou Rong

清华大学建筑学院副教授
《世界建筑》副主编
三联人文城市奖架构共创人

随着信息媒介主导的硅基文明崛起，“硅基空间”挑战现实世界的“碳基空间”，压倒性地占据了人类社会组织的空间份额，导致城市实体的衰落。城市成为硅基空间的附庸，陷入“意义荒漠”与“网红化”的泥潭，长时间自然积累而成的市井生活，包括紧密的社会网络、人的生活状态、邻里关系都开始松动。当下中国城市所需要的，既非“硬件”，也非“软件”，而是能与人产生情感联结的“湿件”。这是挽救城市的一种思路，也是我一直在提“意义重建”、社会性重建的原因之一。

01 城市陷入的“意义荒漠”

“城市更新”是近年来中国城市全面进入存量时代之后才真正被引爆的。当城市从原来的增量发展转向存量发展，很多问题就会突然爆发出来。

许多大规模、运动式的城市更新项目，特别是棚户区的大片更新改造，剧烈变动的空间更新过后，城市原有的社会组织形态往往遭到了很大破坏，甚至被摧毁殆尽，而补充和替代的新型社会组织形态和运行机制还没有机会成长并成熟起来。

随着城市发展越来越深入，今天“城市更新”中的任何一点，其复杂度都远超以前，因为它牵扯的层面越来越多。城市不仅仅有空间、建筑这些硬件，还包含着“软件”、“湿件”，是极多因子纠缠联动的超级复杂系统。因此，“城市更新”绝不应是运动式的，而应该是一个持续不断的过程。

尤其要强调的是，其中社会性的重建，更是一个长期和动态的过程。

今天的中国城市存在着大量产能过剩问题，单一地对效率进行提升，是一种发足狂奔却自蒙双眼的行为。对此，一个最基本的判断是：人类社会的幸福并不是由效率决定的。过度聪明的城市，其人情味也常常会变得稀薄，现在的很多城市既强健又聪明，但人生活在城市里却感到没劲，感到自己被原子化。目前看来，我们的城市已经在某种程度上普遍性地陷入了一种“意义荒漠”。

这里所指的“意义”缺失，是指跟普通人日常生活息息相关的意义在缺失，和城市里有没有文化馆、图书馆、博物馆、大剧院这些“文化硬件”没有关系。在过去的十几年里，中国城市兴起了大量、超量建设文化设施的热潮，但其中不少场馆在实际运营中非常萧条、惨淡。它们只是一些所谓“重视文化”的象征性幌子，对城市真正的人文生活几乎没有帮助。

同时，眼下中国城市的“意义荒漠”也是由社会重建的缺失所导致的。以前的市井生活经过长时间的自然积累而形成，人的生活状态、邻里关系、社会网络相互之间都贴合得非常自然而紧密。然而在城市的快速更新之下，这些社会组织全都被打碎了，人生活的意义就失去了基本的附着结构。

所以，当下中国城市更需要重视的，既非“硬件”，也非“软件”，而是能与人产生情感联结的“湿件”。

02 硅基空间崛起下的城市更新

面临“意义荒漠”的同时，城市也正在应对新的挑战。过去这二三十年，可以明显地看到硅基空间的崛起，可以说它压倒性地占据了人类社会组织的空间份额。

我们首先要意识到，互联网所塑造的硅基空间不仅仅是现实空间的一种工具，实际上也是平行于现实空间，也就是碳基空间中的一个新的“空间物种”。这一新物种崛起速度之快，占据范围之广，也远远超出了常规空间的发展规律。尤其在疫情开始后的短短两年时间，全中国乃至全世界都被强迫性地进行了一次从碳基到硅基的空间组织转换，让不少人被迫学会了更加网络化的生活。

> 硅基空间崛起所带来的影响之一，是眼下大量出现的城市空间“网红化”，“打卡”功能取代了不少建筑空间的传统功能。

很多网红建筑和建筑本身的内容、空间结构几乎没有关系，因为适合打卡而走红之后，实际上并没有带来多少有效的人流转换，人们也很难真正从碳基空间的层面去体验建筑之美。

> 这是一个非常值得注意的现象 —— 城市慢慢在沦为一个背景，沦为硅基空间的附庸。

空间“网红化”作为一种自发的城市生态现象，是一个无法制止的发展特别迅猛的现实。

“网红”很多时候是过度消费主义的产物，它让城市空间成了一种“日抛”或者“月抛”型的快速消费品，成就短暂的“鱼水之欢”。当然，如果“网红”并不企图短暂地红几个月或者一年半载，而是企图长期对人的情感生活、社会关系起到正向的、积极的促进作用，我觉得那就是好的网红建筑。

比如，普拉达与乌中市集的联动就是一个短暂的商业行为，可以把它看成是品牌和空间推出的联名款产品。因为这两者之间反差太大了，在某种程度上迎合了人们的猎奇心理，但它无法与菜市场形成特别深的长期连接。

而位于伦敦泰特现代艺术馆附近的博罗市场（Borough Market）就是个比较好的例子。这个菜市场和泰特现代艺术馆有深度的合作，大量的艺术活动就会介入这个菜市场中，也让它变成了一个“网红”。除周边居民外，城里其他热爱时尚、艺术的人也会经常出入这个市场。艺术对生活的长期交融性植入，能够对周边社区和城市旅游起到很好的提振作用。

ESTABLISHED 1756
BOROUGH MARKET

博罗市场建立了专属的官方网站，网站内有不定期的活动资讯和市场内的摊主访谈等，1756年就存在的“传统”市场顺利融入现代人的生活当中©图片来源于官网

03 对城市生活日常性的重视

很多人曾经相信，疫情过后，城市发展一定会出现一个报复性的反弹。但现在，即使中国大部分地方没有疫情，很多城市还是冷冷清清，无法完全恢复曾经的繁荣。大家已经习惯了外卖、网购、网络上的娱乐……而所有依托碳基空间的业态和生活场景都以肉眼可见的速度衰落。

> 以往以商品为中心的流通领域，碳基空间已经很难再抢回阵地。但在人与人之间的情感联结方面，碳基空间还是有一定的优势。

因此，这是挽救城市的一种思路，也是强调“意义重建”、社会性重建的原因之一。

超级文和友代表了碳基空间的一种可能性——不再单纯以“吃”本身作为卖点，而是提供一种系统性的场景体验。这些场景涵盖了许多与人的情感、生活密切相关的内容。对碳基空间而言，这类场景恐怕将是城市更新阶段非常需要借助的东西。

■ 2021年五一假期（2021.5.1—2021.5.5）邱志杰在三源里菜市场举办了书法展览“民以食为天”©图片来源于邱志杰工作室公众号

另外，将碳基空间进化为硅碳合基的空间也是另一种可能。

硅基空间的一大优势是，它是非静态的，可以以相对低的成本快速迭代，这种体验传统空间绝无可能达到。

邱志杰老师2021年5月在三源里菜市场的书法展吸引了很多人去打卡，在摊位前拍照、上传，引发了一小拨儿热度。其中有一点我觉得很有趣，通过网红在菜场做直播，硅基空间里的社会关系与现实中的社会关系进行了一次连接。很多人从来不会去逛这个菜市场，但网络传播能把菜市场里的生活方式和状态呈现在他们面前，而那些长期出没在菜市场的摊主和顾客可能并不太熟悉网络生活，也会觉得新奇。这两种社会关系能不能互相融合不好说，但至少在这里有了一次交叉。

“网红”要抢占的是注意力份额，而注意力份额是这个时代最稀缺的一种东西。

这种情况下，如果碳基空间延续它一直以来这种追求完美、静态的设计，就很难与硅基空间争夺注意力份额。碳基空间必须与时俱进，必须学会求变，即使最终胜利的机会微乎其微。

根据《城市中国》研究中心访谈内容整理

原文作者：崔国（《城市中国》执行主编）、张晶轩（《城市中国》研究员）

观念对谈
INTERACTION

观念的传达不应急促，认知的寸进更需耐心。作为“LAUNCH 首发”的固定栏目，相较于对行动的具体建议，《观念对谈》更专注于认知启发。

观念对谈

数字市井，有意义的烟火

DIGITAL FOLKLIFE, MEANINGFUL SPARKLE

WU SHENG

吴 声

场景实验室创始人，“LAUNCH首发”联合出品人

本期《观念对谈》以“开始于市井的一场数字民俗运动”为议题，围绕“消失的附近”被数字化激活、意义之网的信任机制、远方与附近的关系三个维度展开，期待以深入的观点碰撞，丰富“数字市井”的内涵，赋予商业和生活更多启发。

LI XIANG

李翔

财经作家，得到App
总编辑，“LAUNCH
首发”联合出品人

WU BOFAN

吴伯凡

商业思想家，伯凡时间创始人，
“LAUNCH首发”观念主理人

一、“消失的附近”被数字化激活

吴 声 最近一两年可以看到，我们已经非常习惯于大众点评、小红书、快手等App对生活的接管，很多人把这个现象叫作App“攻克”附近。与此同时，类似小酒馆、脱口秀线下club(俱乐部)，这些可能被认为只是昙花一现的业态，在今天已经表现出了相当强的主流性。

所以这是不是意味着那些被App“攻克”的附近，那些曾经“消失的附近”正在以一种新的方式回归？请吴伯凡、李翔两位老师就App“攻克”附近和数字化接管生活，谈谈最近几年的观察和感受。

吴伯凡 确实“附近的消失”这一说法前些年在互联网上广泛应用，让我们觉得好像生活正在被远方化，你所有的东西都来自虚拟世界，没有什么距离可言。我们跟世界之间是没有过渡地带的，这就是“附近的消失”。

但你刚才描述的现象让我很自然地想到附近又重现了。我们的生活是要有附近的，城市文明与农业文明一个很重要的差别就是附近的概念。城市实际上用各种手段让我们没有附近，极端到你的邻居不是你的邻居，一起住了十几年都不知道对门是谁。过去说“千金买舍，万金买邻”，城市化确实淡化了这一点，但传统的在互联网之间的城市化毕竟还是建立了你同周围的物理连接，达成一种就近的联系，所以附近并没有彻底消失。比如住在同一个小区，你不认识邻居，但有可能和住在隔几栋楼的人认识，为什么？因为小区里有个儿童乐园，你带小孩去那儿玩，大人在旁边也就认识了。

其实这类似于“水井效应”。过去对“背井离乡”有各种说法，其中一种解释就是“井”是指家乡，是你的村子。因为一口井而形成一个村，打井一个人是不行的，要大家一起打井，这口井让大家凝聚，变成信息交流平台，包括今天办公室离饮水机近的人，他就是消息灵通人士。井在过去就是典型的枢纽式的附近，其实我们的生活中应该也有这样的附近，而不是简单地用手机了解于你非常陌生、空旷的无远弗届的世界，应该是有层级有差距的，像自身周围的涟漪一样。

回过头说回附近，附近的出现对人很大的好处就是让你产生想家的情绪。离开一座城市，你想这个城市的程度和离开一个村庄的程度是完全不同的。那时的农村有大量的附近，甚至一棵树你都会想，但如果一座城市干干净净什么都没有，你想不想就很难说了。所谓乡愁就是与你过去生活的附近建立的精神联结，我觉得商业形态最后还是要满足人内在的精神层面需要。

吴 声 而且这种附近已经变成了一种向往，但现在城市的家庭单元本身在越来越迷你化，在这个趋势里，李翔老师觉得社区价值的重要性从商业角度应该怎样来表现？

李 翔 我认为最直接的表现是以往大家寄托于远方的，无论是商业需求还是情感满足，都可以通过附近或者近距离内的商业场景或设施来满足。就像伯凡老师刚才讲的，社区价值肯定具有一定的公共性，公共性是人需求的交集。再者，它有易得性，其实就是通过“附近”这两个字呈现出来的，大部分的场景都在你的生活圈之内，即使是借助交通工具也是在类似10分钟、30分钟的时间范畴内，具有这种易得性。此外，它还有所谓的景观性，商业公司在你的附近造了一个你值得去拜访的景点、景观。以往的景观是你要去阿姆斯特丹才能看到凡·高美术馆，但现在可能在你的20分钟范围之内就有一个网红美术馆、一个展览或者是一个设计得很好的餐馆。社区价值就是把公共需求的合集做到易得，用很小的时间成本和物理交通成本可以抵达。同时具有一定的景观性，让你觉得确实是值得去看一下的。

吴 声 理解公共性、易得性、景观性的逻辑背后，是我们今天对时空观念、行事方式乃至生活意义本身的探求已经发生了非常本质的位移。正如两位老师所提到的，今天我们依然需要基于审美性的记忆乡愁让我们回到日常，而另一方面，我们不得不承认，消费社会的景观化塑造变成了“新目的地”。你们家小区“是不是盒马X会员店能配送到”“是不是山姆会员店一小时能配送到”，类似这样的说法所反映出的数字化手段，一方面在“攻克”附近，一方面也在激活新的日常。

二、编织意义之网，在附近“重逢”

李 翔 App在消解附近的同时，附近也在被App、被数字化赋予意义。“全北京第一名的精品咖啡”，就是App赋予咖啡馆的意义。这非常有意思。

吴 声 甚至可以理解为，一些我们认为的附近其实是我们自觉或不自觉地被数据异化、被App规训、被社交网络解构和重构的附近。

李 翔 以往说景点可能会说李白去哪里题过诗，而今天其实是在不断丰富化。张勇把新荣记开在宝格丽酒店旁边，二者的关系其实很诡异。宝格丽是被IP赋予意义的，又有那么久远的历史，新荣记是在被宝格丽赋予意义；而在新荣记被米其林赋予意义之后，新荣记和宝格丽变成了互相加持的关系。

吴 声 社交网络和评价体系，它们本身的互相加持让现实具备了两种属性：一是增强和消解现实，一是数字孪生。数字赋予和增强后的多样性是不是我们所期待的附近回归？

吴伯凡 这就重新回到了马克斯·韦伯的定义——人是悬挂在自我编织的意义之网上的动物。你必须编织一个意义之网，我们才能挂在上面。我家旁边有一个星巴克，往常我从不去那喝咖啡，但自从听说这是北京唯一一家按西雅图标准重新装修的星巴克，我还真花钱去消费了。它变得不一样了，它先织了一个意义之网，然后顾客一直挂在上头。

吴 声 就像刚才李翔老师提到的，数据不断赋能的过程在今天已经变成了一种显而易见的事情。

吴伯凡 对。问题就在这儿，不仅是附近重新回归的问题，附近也在被重新定义。可能是咖啡发烧友点评认为这个地方是最好的，之后我就生活在景点里面了。在没有App的时代，类似这样的事顶多在特别小范围内的人之间传播。今天谁在编织意义之网？实际上是互联网在重新编织。

吴 声 我们知道包括大众点评在内的评分平台都可以刷单，也就是说我们看到的4.9分可能是刷出来的，也可能通过置顶的精选评价展示公信力。但问题在于刚才所讲的背井离乡的“井”天然就带有信任的连接性，很多人干坏事是不能在自己村子里面干的，得去别的地方。

吴伯凡 因为那是他的社区，他不敢，与之相对立的是你在村子里做了好事，或者你在外成名回来是不管用的。《圣经》里有个有名的故事，耶稣跟大家说有个先知讲道很厉害，让门童带进来，大家就围上去听。结果有个人一看，这不就是木匠约瑟的儿子，大家就没什么兴趣了。耶稣当时就说了一句话，“本乡无先知，身边无伟人”。对应到咖啡上，我自己没什么感觉，但你们在网上一弄，我就得高看它，这就是被重新定义。

吴 声 等于按西雅图装修的星巴克已经完成了从熟视无睹到被重新认知的意义迁徙。今天我们说“消失的附近”在重新回归，数据帮助形成更好的交互链路，那么能不能重新构建新的信任体系？它未必是原来物理半径的邻居，也可能是社交网络半径的朋友。所以附近回归成为常态。

吴伯凡 应该是可以的，但与传统的不同。德国社会学家卢曼说过，一切的信任和信用都起源于重逢。我只跟你见一次面，不可能对你有多信任。不是把一群人圈起来就是社区，而是这些人总要重逢，这是一种非技术的区块链，一旦形成很难更改，不可撤销，自然会形成重逢。所有的新欢都是别人的旧爱，如果仅仅是传统社区的信任，它的范围是不够大的，这就需要一个外在力量为它赋予意义，“墙内开花墙外香”。

吴 声 上海的安福路就是这样一个新商业逻辑的典型。我去过安福路五六次，有一次我特别去它旁边的五原路走了走，在一个幼儿园门口我跟接送孩子的家长聊天。我说五原路幼儿园不错，旁边的安福路你有没有去逛过。她说乱哄哄的，上海话大概意思是都是一群小年

二、编织意义之网，在附近“重逢”

轻。你发现安福路已经摆脱了传统的基于在地性的安福路，而成了更多人的一种附近，因为那边有多抓鱼、三顿半、HARMAY话梅、野兽派……各种类型的旗舰店、概念店。在这个过程里，不同的人就是不同的意义之网，我们称这些为目的地效应。那么大量“新目的地”到底是昙花一现，还是在长期建设意义之网的过程中意义深远呢？

李 翔 我觉得只要你成功卷入可持续的意义之网里，不断产生互相增强效应，它一定会是可持续的，不会是昙花一现。包括你之前提到的大众点评评分、精选评论，其实大家忽略了启动和可持续之间的关系。比如你通过数据造假的方式接入了更大的意义之网，其实只是帮你启动了一下，在这之后你真的需要连接到两张网。一张网是外部更大的可以覆盖整个世界的网络，包括米其林三星、五星级酒店、精品咖啡等等，这是比较普及性的网。另一张网则连接到附近网络，把附近网络激活就会形成互相增强的过程，就像米其林三星一定是本地人去消费得更多，而不是慕名而来的外地人。

小红书联合安福路10家设计品牌，线上集结站内上千家设计师品牌，推出“安福路在线”，一个专属于小红书“内容交易”的街区IP©图片来源于官方

东
安福路
西
E
Anfu Rd.
W

(ANFU RD.)
在安福路
逛(SHOP)春天

三、远近映射：真实的世界与现实的世界

吴　声　其实关于附近的各种类型的商业描述已经远远超越了传统的社会学甚至人类学的表征。今天商业在塑造附近的过程中，出现了哪些曾经被人们忽略的东西，或者说可能还有哪些新的商业机会？比如快手、小红书、大众点评，从这个类型上已经表现出很强的数字孪生能力，甚至可以说它们已经初步具备了虚拟现实融合的Meta（Metaverse,元宇宙）架构。更进一步讲，推动这些的核心力量，比如配送、仓储、物流、边缘计算，还会催生出怎样的基于附近的商业业态？

李　翔　我觉得还挺多的。按照俞军讲过的，“用户不是人，是需求的集合”，附近其实是把用户需求都放在里面，你需要检验每一个需求能否被附近的景观来完成，集合成商业化可行的场景。比如吃饭这个需求可以催生外卖、咖啡、社交甚至办公的需求，它们都可以拿来检验有没有可能通过附近的场景承载或实现这些。

吴　声　所以从商业角度看，附近正在更加务实，更加回到人的需求本身，不管这个需求是在解决问题还是在创造意义。而数字化能力本身就是自动化能力，长期来看它会演化出丰富性。这期mook的主题叫“数字市井”，以前我们说“数字邻居”，其实就在这里面赋予了新的意义之网。“天涯若比邻”虽然是古诗，但其实大家都在说今天讲最应景。

吴伯凡　数字互联网的初期阶段就是要实现“天涯若比邻”，因为工业时代是“比邻若天涯”，而今天我觉得它应该是远近的映射，不再是纯粹的“天涯”或“比邻”。“天涯”在为“比邻”赋能，“比邻”也会增加“天涯”远方的意义价值，这就形成了映射。像万花筒一样的塑料碎片通过几个映射被完全放大，产生出光怪陆离的东西。所以这时的数字邻居已经完全不是物理意义上的邻居了，过去工业化让我们没有了邻居，现在互联网让我们又拥有了邻居。

如果远近一直映射的话，就会变得越来越透明，不再是分裂的状态。也就是说，我们拥有的门前的远方真的在门前，不是互联网虚拟意义上的远方。

吴 声 映射是切实感知的沉浸体验，是存在物理联系的。我们对附近的理解其实在拓展基于远的映射关系，让数字化能力本身能够更好地推进社会观念进步，包括认知边界的拓展。从这个角度看，数字市井商业化的可能性和新物种的多样性是非常值得期待的。

李 翔 数字市井，数字可以帮你进入远方，市井就是附近。

吴 声 数字本身是一种虚拟连接，同时具有赋能的能力，市井是烟火的附近。

吴伯凡 数字市井有点像AR或者MR（混合现实），这个事情本身是现实，数字会增强现实，但肯定不会是虚拟现实。

吴 声 所以AR或MR的现实不是宏大叙事的现实命题，而是颗粒度极小的现实问题或麻烦需要从商业层面被解决，从而表现为附近目的地或景观化的商场。大量具有公共性、易得性、景观化的场景本身都是意义之网的接驳，最终形成混合现实的映射。从这个角度来看，我们的话题可以慢慢进入当下最火的元宇宙。

吴伯凡 元宇宙这个词本身非常有问题，它只说了话题的一半，而我们的世界永远是一个现实的世界。古希腊哲学里meta是特别被关注的，比如柏拉图认为世界是两重世界，一重是看得见但不高级的、末端的、有很多问题的“洞穴的世界”，所谓洞穴就是局限；关于另一重，柏拉图的故事里讲的是有人从洞穴爬出去了，看到了一个完全不同的世界，是太阳照射的世界，那是一个真实的世界。这个世界就是真实的世界和非真实的世界，真实的世界恰恰不是现实的世界，非真实的世界反而是更现实的世界。

就像几何学中的图形在现实中是没有的，点只有位置没有大小，线只有长短没有粗细，现实世界是没有的，但它是更真实的。所以才会有几何学、数学这样一套东西，这套东西得到发展后反向赋能到现实的世界，才有了近代的工业革命。没有一套科技，我们不可能重新打造世界。我们不能仅仅关注meta背后更真实的世界，元宇

三、
远近映射：真实的世界与现实的世界

宙不是一个等待着我们进入里面的东西，而是会给我们的世界赋能的东西。

今天所谓的meta反过来成了虚拟的指代，理解元宇宙中大部分人都基本还停留在虚拟现实的层面，当然现在也有人在谈数字孪生、AR。我们不把AR当作具体技术的描述，AR的目的是让我们的现实更好、更凝聚，外面的东西最终是在让我的东西更好。元宇宙不是纯粹立足于我的，它是混合的、远近互相映射的，你很难说它是远方还是邻居。

元宇宙（metaverse），或称为后设宇宙、形上宇宙、元界、魅他域、超感空间、虚空间，是一个聚焦于社交链接的3D虚拟世界之网络。关于元宇宙的讨论，主要是探讨一个持久化和去中心化的在线三维虚拟环境。此虚拟环境将可以通过虚拟现实眼镜、增强现实眼镜、手机、个人电脑和电子游戏机进入人造的虚拟世界。元宇宙的概念已应用于VRChat等平台或《第二人生》等游戏中，但尚属有限，元宇宙在电脑游戏、商业、教育、零售和房地产领域都有相当的潜力。目前元宇宙的运用局限。主要来自与实时虚拟环境交互所需的硬件设备和传感器的技术限制。许多公司，如Meta,机器砖块,Valve,Epic Games,字节跳动和微软，正在投资元宇宙技术的研究，以使其更符合成本效益和拓展其运用层面。元宇宙可以视为一种各样现成科技等的巨大应用程序，即一个虚拟空间。此虚拟空间需要各种科技如区块链、人工智能、增强现实、机器视觉。关注元宇宙的人士也关注信息隐私与用户成瘾问题，这也是目前所有社交媒体和电脑游戏行业所面临的挑战。©文字引自维基百科

吴声：
不能只有天上没有人间，也不能只有人间没有天上。

最后，两位老师能不能围绕数字市井这一主题分别给一个金句。

李翔：
数字市井，数字提供意义，市井提供烟火。

吴伯凡：
数字市井，有意义的烟火。

首发书单 数字市井

LAUNCH BOOKLIST DIGITAL FOLKLIFE

01

《中国传统城市文化》

市井文化是城市文化的重要组成部分，当具有独立文化意义的市民阶层出现，与市民生活相互交织的市井文化得以发展与繁荣。

02

《幸福的都市栖居》

建设城市即建设幸福，不只是科学理解城市规划，也是主动创造亲近邻里、迎接自然、回归人与人信任关系的生活方式。

03

《菜市场规划与设计》

建筑师对世界各地菜市场设计案例的专业分析，看见作为市井商业代表的菜市场，与社区生活、城市文化的关系缩影。

04

《人类网络》

理解人类社会网络形成的机制，以及社会网络对个体观念、行为与生活方式的塑造，对比观察社会网络形成在数字时代的特点。

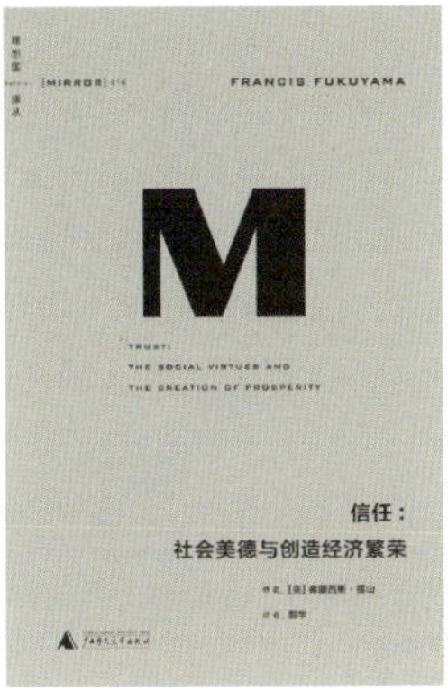

05

《信任：社会美德与创造经济繁荣》

探讨信任作为文化理念在经济社会塑造中的作用，考察社会信任度在各国经济生活上的角色，提供新的经济学研究方向。

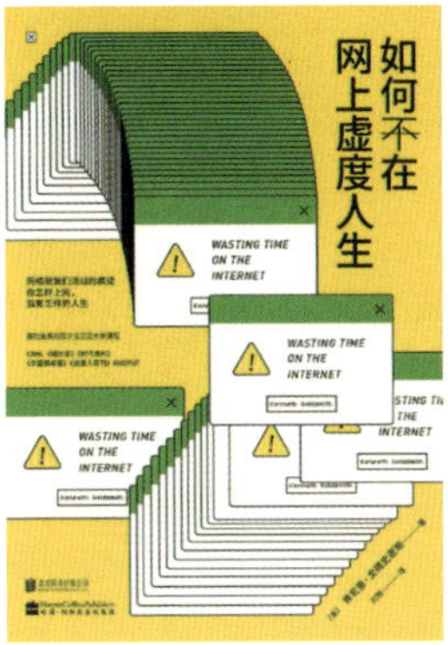

06

《如何不在网上虚度人生》

概念艺术家的观察视角，当社交网络成为逃不开的生活方式，人们如何在数字世界真实生活与释放创造性。

07

《脸书故事》

人类学家的社交网络研究。观察脸书与特立尼达地区个体生活的相互塑造，提出社交网络与个体、社群、时间、空间的十五个命题。

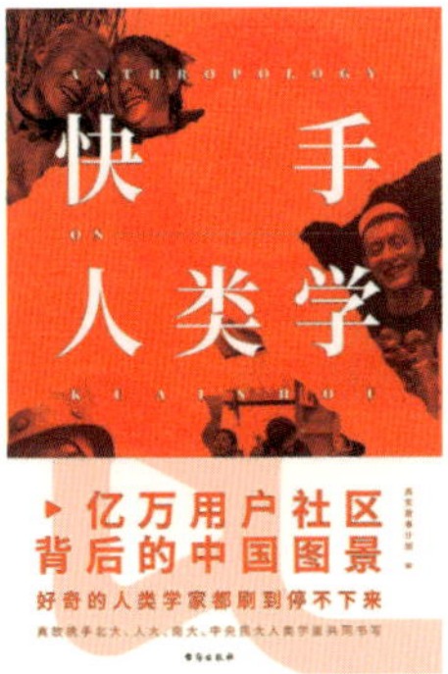

08

《快手人类学》

以快手为中国人数字生活的切面，看到更广泛人群的生活样貌，以及他们在线上社区构建的生活日常。

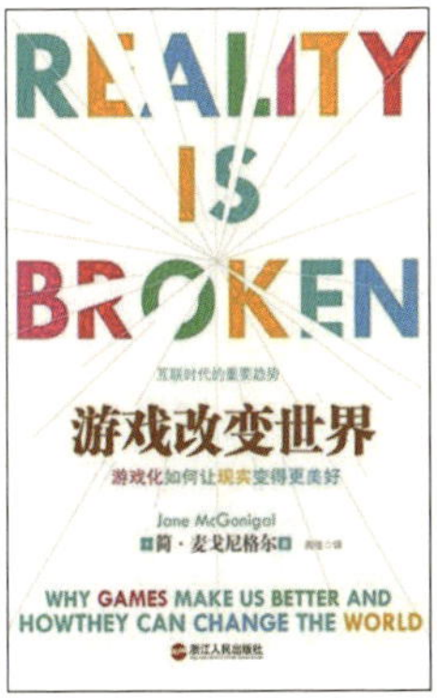

09

《游戏改变世界》

游戏是一个完整的世界，游戏也在改变现实世界。数字世界的生活系统，在游戏世界中率先建立模型。

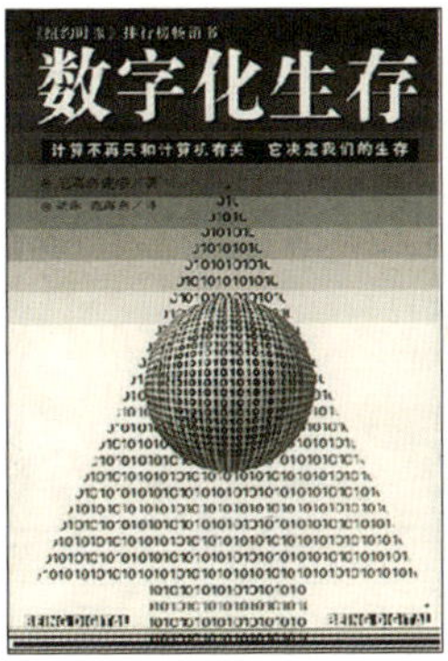

10

《数字化生存》

尼葛洛庞帝在1997年给出的跨入数字化新世界的指南，理解原子与比特世界、数字化生活方式的启蒙书。

首发盘点

二十五个
“数字市井”代表品牌

LAUNCH SELECTION:

25 SIGNATURE BRANDS OF DIGITAL FOLKLIFE

在本期观念文章《数字市井，为什么是今天》中，提出“数字市井”的三个研究视角：（1）附近的多样形态，正在加速涌现；（2）同城的服务效率，重建在地意义；（3）生活的数字镜像，创造增量价值。“首发盘点”也以此维度，用二十五个品牌案例，展现当下商业实践，启发更多商业思考。

Part 1

附近的多样形态，正在加速涌现

笑果工厂　喜剧空间走进日常

笑果工厂是笑果文化打造的年轻态喜剧新空间，既是创作空间，也可即刻转换为多功能表演舞台。此外，笑果工厂还引入文化、商业和娱乐场景，不断拓宽喜剧空间边界。

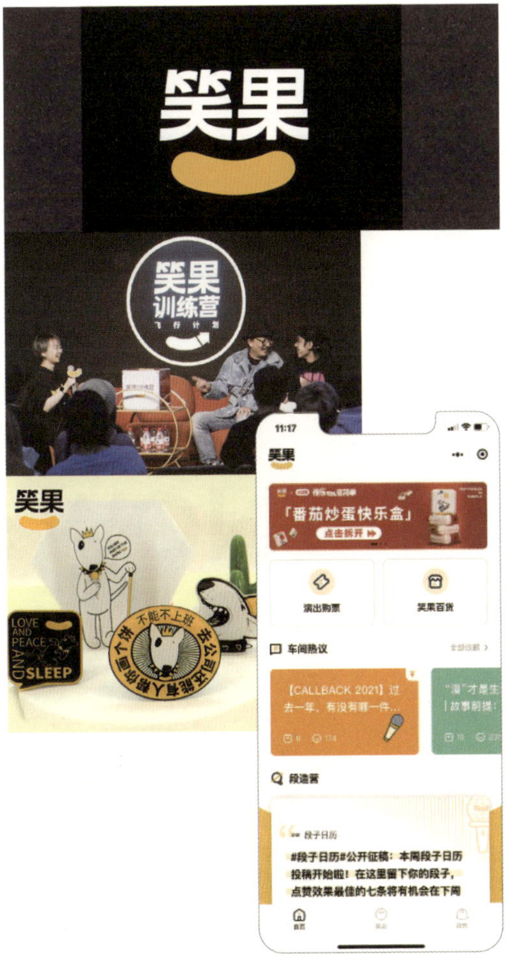

线下活动、自产周边、小程序©图片来源于官方社交媒体

十三邀小酒馆　以酒为媒介的公共空间

与《十三邀》节目同名的十三邀小酒馆是单向空间的一次浪漫主义尝试，空间融合威士忌酒吧、书店以及对话节目现场三种业态，形成文化空间与生活场域的奇妙碰撞，并希望以酒为媒介，建立一个拥有更多可能性的公共空间。

©图片来源于官方公众号

和府小面小酒　面向一日饮食的场景

“面+饭”满足日常就餐，“小食+茶饮”补充下午茶，“餐+酒”延伸小聚酒酌。“一个人的小面，一群人的小酒”，和府小面小酒定位为都市年轻人社交空间。

©图片来源于官方公众号

一帐Camplus　轻露营与城市社群连接

一帐Camplus 作为户外生活方式平台，通过一帐露营会、一帐城市营和一帐欢乐营等多种形式的自然露营会及城市社群活动，提供更加轻量级的城市户外生活选项。

©图片来源于官方公众号

City Mart城市集市　商业综合体里的城市主题街区

City Mart城市集市，是在商业综合体中打造特色主题街区的先行者，集餐饮、休闲、零售、特色市集、潮流艺术等为一体，为商业综合体项目策划深入城市文化的创意主题。

©图片来源于官方社交媒体

SNOW 51

喜茶　　在地系列，城市限定

2021年喜茶开展“让灵感发声 · 在地”系列活动，在西安、长沙、重庆等14个城市推出18款城市限定产品。喜茶还与本地特色小吃品牌共同推出美食纪录片、融合本地文化元素推出独特设计的门店空间，通过在地文化唤醒本地居民市井生活记忆。

喜茶在地系列之成都©图片来源于官方公众号

SNOW 51　　都市中的滑雪场

SNOW 51面向滑雪爱好者提供室内滑雪培训，延伸有零售、旅行、赛事等业务，让更多人在都市中也可以安全、高效、专业地学会滑雪。4.0版本的SNOW 51与滑雪品牌开设联名门店，并以店中店的方式开进健身房、运动超市等，致力于将滑雪打造成城市生活方式。

©图片来源于官方社交媒体

叮咚早上好　　早餐店的数字化升级

叮咚早上好是叮咚买菜推出的自营早餐店品牌，具有专门的早餐研发中心，通过中央厨房实现定制服务，可选的早餐品种有400多个，并且10元以下的早餐套餐占比超过50%。

优鲜菜场　　智慧重塑菜场烟火

每日优鲜在2020年下半年推出智慧菜场业务，数字化改造传统农贸市场，实现菜场的全流程数字化管理和软硬件一体化升级。

原合肥朝霞菜市场经过改造升级，成为一个集便利化、人性化、规范化、特色化为一体的智慧菜场——朝霞优鲜菜场©图片来源于官方公众号和小程序

每日优鲜

锅圈食汇　　社区一站式火锅超市

锅圈食汇门店普遍开设在居民生活社区周边，以火锅烧烤食材为主。依托线下门店及App可以辐射周围2000至3000户家庭，助力打造“15分钟便民生活圈”，满足周边居民餐饮需求。

锅圈食汇 好吃不贵

©图片来源于官方公众号和小程序

©图片来源于大众点评

Part 2

同城的服务效率，重建在地意义

菜鸟驿站　数字化社区生活服务站

菜鸟驿站从物流服务平台升级为数字化社区生活服务站，面向更为丰富的社区消费场景，拓展洗衣、回收等生活刚需服务。

多多买菜　社区生鲜供应链

多多买菜是拼多多推出的社区团购买菜服务，采取“线上下单+线下自提”的半预购模式，凭借拼多多原产地供应链优势，多多买菜实现对社区“最后一公里”的渗透。

盒马邻里　自提+到家，“盒区房”新半径

2021年5月，盒马上线社区项目盒马邻里，扩大盒马社区服务半径。盒马邻里与盒马鲜生共享供应链，线上下单、线下自提，实现“隔日达”履约模式。2022年3月3日，盒马邻里正式上线配送到家服务。

高德地图　出门好生活开放服务平台

2021年7月15日，高德地图宣布品牌升级，打造“出门好生活开放服务平台”。高德地图聚合吃喝玩乐行等多种基于位置的出门服务基础，并鼓励用户参与创建“出门指南”，成为基于生活服务的多元内容平台。

闲鱼　循环生活方式社区

闲鱼不仅是闲置交易平台，更是循环生活方式社区。将闲置交易作为载体，将爱好、兴趣、脑洞转化为强归属感的文化社区，让人们因兴趣建立信任、分享感受、传递愉悦。

大众点评　关于“附近”的坐标体系

大众点评的评分不只是商家信息、生活消费指南，也在以评分为坐标，用“算法+内容+社区”帮助人们快速建立对“附近”的量化感知。

Part 3

生活的数字镜像，创造增量价值

快手　新国民文化图谱

市井生活、“老铁”文化，快手的社区生态被比喻为“当代清明上河图”，以短视频、直播为记录基础设施，全景化展现国民市井生活的真实面貌。

美篇　中老年兴趣社区

美篇于2021年完成品牌升级，定位为“中老年兴趣社区”，聚集中老年群体兴趣爱好，建立“不惑后人群”表达自我、结交同好、学习提升的内容平台。

豆瓣　豆瓣小组里的新邻里

豆瓣小组由兴趣小组开始，逐渐出现如“同城租房小组”类的生活小组。大家在豆瓣小组中“抱团取暖”，成为精神同频、生活互助的数字新邻里。

希壤　打开元宇宙一角

2021年12月21日，百度推出国内首个元宇宙产品“希壤”并开放内测，12月27日希壤面向所有用户开放，当天百度Create 2021（百度AI开发者大会）在希壤中举办，成为国内首次在元宇宙中举办的大型会议。尽管用户体验远远未达到预期，但依然可视作现实与虚拟融合深度的新起点。

©图片来源于官网

米哈游　　游戏世界赋能现实

推出《原神》《崩坏学园2》《崩坏3》等多款人气游戏的米哈游，正在将虚拟游戏世界的无限可能布局到现实世界。如“游戏+文旅”模式，将张家界、黄龙等真实景点与游戏场景进行真实、互通的连接，带给玩家随时切换次元的数字体验。

啫喱　　数字身份，密友社交

虚拟社交App啫喱定义自己为“你和朋友们的线上房间”，虚拟人物身份、“捏脸”3D虚拟人物、50人上限的密友社交、基于LBS(基于位置的服务)定位的玩法……啫喱试图创设更符合年轻人生活方式，回归更纯粹社交体验的线上生活社区。

©图片来源于百度百科

TMELAND　　虚拟音乐嘉年华

TMELAND是腾讯音乐推出的虚拟音乐嘉年华，已上线用户虚拟形象、虚拟直播、虚拟演唱会等数字场景，未来还将为音乐人提供创作工具、开展孵化计划等。2022年五月天的跨年演唱会成为在TMELAND里举办的首个TME live，周杰伦也以嘉宾身份亮相。

©图片来源于百度百科

Pico　　连接虚拟与现实的桥梁

VR设备是连接虚拟与现实的桥梁，Pico是国内VR硬件公司的代表。Pico成立于2015年，2021年已占国内市场份额第一。2021年8月Pico宣布被字节跳动收购，价格约90亿元人民币。

MINISEA小海洋　　为数字生活提供数字内容

“小海洋”是一家VR、AR数字内容服务商，出品的《心境》荣获第78届威尼斯电影节最佳VR作品。《心境》将持续开发围绕中国传统文化的兴趣教育场景，以及冥想场景，让数字内容服务于数字生活。

新观念，在商业与生活之间